Romain Kirt/Adrien Meisch (Hrsg.)
Der entwurzelte Kontinent

Romain Kirt/Adrien Meisch (Hrsg.)

DER ENTWURZELTE KONTINENT

Europa und die neue Weltordnung

ECON Verlag
Düsseldorf · Wien · New York · Moskau

»Die Weltordnung ist in Bewegung geraten, und was sie für das neue Jahrhundert hervorbringt, bleibt offen. Das gilt insbesondere für unseren Kontinent. Wir kennen das Europa noch nicht, das in diesen Jahrzehnten entsteht.«

Bundespräsident Richard von Weizsäcker

INHALTSVERZEICHNIS

VORBEMERKUNG

Europa befindet sich im Umbruch. Was noch vor wenigen Jahren den meisten von uns als Utopie erschien, ist mittlerweile Wirklichkeit geworden. Die alte politische Nachkriegsordnung, die wesentlich durch den Ost-West-Gegensatz geprägt war, ist überwunden. Europa und die Welt haben gerade in den letzten vier Jahren, von denen jedes das Epitheton »revolutionär« verdient, so tiefgreifende Veränderungen erfahren, daß viele Menschen mit Recht verunsichert sind und eine gewisse Angst vor der ungewissen Zukunft haben.

Wir haben deshalb diesen Mutationsprozeß, von dem zur Zeit alle Bereiche (Politik, Wirtschaft, Wissenschaft und Kultur) betroffen sind und der sowohl die Zukunft Europas als auch die aller anderen Kontinente wesentlich mitbestimmen wird, zum Anlaß genommen, um die herausragenden Probleme und Themen im Europa des *Fin de millénaire* näher zu analysieren und uns etwas intensiver mit der Rolle dieses Europa in der neuen Weltordnung zu befassen.

Das Ergebnis unserer Bemühungen ist der hier vorliegende Essayband, in dem ausschließlich überzeugte Europäer zu Wort kommen. Jedem von ihnen sind die Herausgeber zu tiefem Dank verpflichtet, denn ohne ihre Zustimmung und Mitwirkung hätte dieses Buch nicht verwirklicht werden können.

Großen Dank schulden wir auch der Geschäftsleitung der COMMERZBANK INTERNATIONAL S.A., LUXEMBOURG für ihr Entgegenkommen und ihre Bereitschaft, bei der Realisierung dieses Buches engagiert mitzuarbeiten.

Luxemburg, im Januar 1994
Die Herausgeber

VORWORT

Mit dem Fall der Berliner Mauer hatten einige Stimmen – nicht ohne Naivität – das Ende der Geschichte, den Sieg der Demokratie und den globalen Frieden vorausgesagt. Die nur zu oft tragische Geschichte unseres Kontinents hat ihnen gleichwohl in Erinnerung gerufen, daß das Ende der kommunistischen Eiszeit gewiß mehr Freiheit für alle bedeutete, aber auch mehr Unsicherheiten und also mehr Risiken.

Vier Jahre nach diesem bedeutenden Ereignis ist das internationale Beziehungsgeflecht kaum noch mit der bipolaren Welt des kalten Krieges zu vergleichen. Die Vereinigten Staaten sind als einzige Supermacht übriggeblieben, derweil Rußland versucht, sich von der Aufsplitterung der UdSSR zu erholen, um seinen Status als Großmacht zu bewahren; was den europäischen Kontinent angeht, so hat er im Westen seine Integration und im Osten seine Desintegration verstärkt. Kurz, diese im raschen Wandel begriffene Welt befindet sich noch auf der Suche nach ihrer neuen Ausgestaltung. Während mit dem fünfzigsten Geburtstag der Vereinten Nationen eine Gelegenheit heraufzieht, die Ordnung des einundzwanzigsten Jahrhunderts voranzutreiben, sind das von Romain Kirt und Adrien Meisch zusammengestellte Werk und der europäische Geist, der es trägt, ein unverzichtbarer Beitrag für die laufenden Überlegungen.

In einer Welt, die gleichzeitig offener, gefährlicher und enger ineinander verschränkt ist, besteht die erste Aufgabe der Europäischen Union darin, die Unsicherheiten zu verringern, die auf der Zukunft lasten und die unsere Zeitgenossen – informierte Beobachter der geringsten Erschütterung der Welt dank der modernen Kommunikationsmittel – verängstigen. Getroffen von der wirtschaftlichen Krise der Industrieländer, von einer gewissen Art Ohnmacht gegenüber dem jugoslawischen Drama, auch von den Zweifeln, die von den Völkern gelegentlich der Ratifizierung der Verträge von Maastricht zum Ausdruck gebracht wurden, muß die Europäische Union, wenn sie vollauf in vorderster Reihe an dieser neuen internationalen Ordnung aktiv mitwirken will, eine Antwort auf eine doppelte Herausforderung bereithalten: auf die der Arbeitslosigkeit und die der Sicherheit.

Der Kampf gegen die unterschiedlichen Formen der Arbeitslosigkeit und gegen den Verlust der Wettbewerbsfähigkeit der europäischen Wirtschaft mobilisiert seit bald einem Jahr die Kräfte in der Kommission, um in Europa eine gesunde, offene – und das Gatt-Abkommen ist das beste Beispiel dieser Absicht –, dezentralisierte und solidarische Wirtschaft zu fördern. Indem er das Weißbuch guthieß, hat der Europäische Rat einen Rahmen mit mittelfristigen Aktionen sowohl für die jeweilige nationale Politik (in den Bereichen Beschäftigung und Arbeitsmarkt) als auch auf Gemeinschaftsebene (Infrastrukturnetze, Vorbereitung auf die Informationsgesellschaft) verabschiedet, um gemeinsam aus einer Krise zu finden, die die Strukturen unserer Gesellschaften auflöst und die Funktionsweise unserer Demokratien selbst in Mitleidenschaft zieht. Angepaßt an den neuen internationalen Zusammenhang, könnte das europäische Gesellschaftsmodell erhalten werden dank einer besseren Verteilung der Produktivitätsgewinne zwischen Einkommen, Investition und Schaffung von Arbeitsplätzen.

Nie zuvor war der Zusammenhang von wirtschaftlicher Stabilität und Sicherheit so offensichtlich. Folglich gehört es sehr wohl zu den historischen Pflichten der Europäischen Union, den Ländern in Mittel- und Osteuropa behilflich zu sein, ihren Weg zur politischen Demokratie und Marktwirtschaft erfolgreich zu gehen. Die Hilfsmittel für ihre Wirtschaft – mehr als 60 % der internationalen Unterstützung –, die Absatzmöglichkeiten für ihre Produkte, die offene Perspektive ihres Beitritts zur Union sind die konkreten Belege der Ambition der Zwölfergemeinschaft für den gesamten Kontinent. Angespornt durch die Entstehung einer europäischen Verteidigungsidentität, die mindestens so sehr von den Amerikanern wie von den Europäern selbst gewünscht wird – was seit der letzten NATO-Tagung noch deutlicher hervortrat –, verstärken der von Edouard Balladur vorgeschlagene Stabilitätspakt und die Partnerschaft für den Frieden auf der anderen Seite den streng sicherheitspolitischen Aspekt.

Von der Fähigkeit der Europäischen Union, diese beiden Herausforderungen anzunehmen, hängen ihr Gewicht in der neuen internationalen Ordnung und die Verwirklichung ihrer ewigen Ideale ab, die da heißen: Frieden, Freiheit, Gerechtigkeit und Solidarität.

Jacques Delors
Brüssel, im Januar 1994

EINLEITUNG

VOM »ENDE DER GESCHICHTE« UND VON DER ZUKUNFT EUROPAS

Paralipomena zur Morphogenese einer neuen Weltordnung

Von Romain Kirt,
Referent des luxemburgischen Premierministers

> *»Dabei geht ein Säkulum zu Ende, das sich Vernichtungskriegen, Massenvertreibungen, dem ungezählten Tod verschrieben hatte. Doch nun, mit Beginn des neuen Zeitalters, wird wieder das Leben . . .«*[1]
>
> *Günter Grass*

Bewegte Zeiten

Vor dem Epochenjahr 1989 war die Weltlage klar definiert. Durch den Fall der Berliner Mauer und die Umwälzungen in Mittel- und Osteuropa aber wurde die »alte europäische Hackordnung«[2] aufgelöst und eine neue Phase der Weltpolitik eingeläutet.

In der Tat haben die tiefgreifenden Umbrüche in Mittel- und Osteuropa nicht nur den europäischen Kontinent erschüttert. Die ganze alte Weltordnung ist aus den Fugen geraten, denn der Zusammenbruch des real existierenden Sozialismus und der glanzlose Abgang der ihn verfechtenden Politiker hat dem jahrzehntelangen Konflikt zwischen Ost und West die Grundlage entzogen und das Kräftemessen der Giganten vorerst einmal beendet. Durch den Niedergang der Sowjetunion und ihrer Satellitenstaaten haben die USA ihren Sparringpartner im Kampfring der Weltpolitik verloren. Die Aufteilung der Welt in zwei Lager scheint also der Vergangenheit anzugehören, der kalte Krieg definitiv vorbei zu sein.

Die Bipolarität der Welt ist demnach lediglich eines von vielen

Intermezzi in der neueren Geschichte gewesen, die später einmal – aus der zeitlichen Distanz und von der Warte des neutralen, weil nicht betroffenen Beobachters betrachtet – ihre Mystik und Esoterik verlieren werden.

Nichts auf der Welt hat also Bestand. »Cuncta fluunt«, heißt es in Ovids *Metamorphosen*: »Alles ist im Fluß.« Diese sehr an Heraklits angeblichen Ausspruch »panta rhei« erinnernde Charakterisierung des Seins hat ihre Richtigkeit bis heute bewahrt, denn das Sein ist einem permanenten Mutationsprozeß ausgesetzt. Deshalb sollte man die politische Metamorphose, die sich im Osten Europas vollzogen hat, nicht als Störfall der Geschichte betrachten, sondern vielmehr als einen jener schicksalhaften Wendepunkte, deren Eintreten und deren Konsequenzen den Lauf der Welt bisher immer entscheidend verändert und in neue Bahnen gelenkt haben.

Das Ende der Geschichte?

»Umwälzungen von barbarischer Gewalt sehe ich auf Umwegen und direkt auf uns zukommen«, schreibt Günter Grass in seinem bislang letzten Prosawerk, der Erzählung *Unkenrufe*[3]. Sollte sich diese Behauptung als richtig erweisen, so stehen wir nicht vor dem Ende der Geschichte, wie Francis Fukuyama in seinem in Fachkreisen lebhaft diskutierten Buch *The End of History*[4] schreibt, sondern am Anfang einer Phase großer Veränderungen mit unwägbarem Ausgang.

Solche Knotenpunkte der historischen Entwicklung, wie sie der Fall der Berliner Mauer, die »singende Revolution« in den baltischen Staaten oder die Auflösung des Comecon und des Warschauer Paktes darstellen, verlangen mehr als andere Phasen in der Geschichte nach grundsätzlicher politischer Neuorientierung. Sie fragen die Menschen nach größeren Zusammenhängen konkreter Ereignisse, deren rationale Einordnung angesichts der Beschleunigung und Komplexität des Geschehens nur schwer gelingt, und sie erfordern die Fähigkeit zu neuem Denken und den Willen zu entschlossenem Handeln.

Wie eminent wichtig es ist, in solchen Epochen tiefgreifender

Veränderungsprozesse, die der Bonner Historiker und Politologe Karl-Dietrich Bracher als »Wendezeiten der Geschichte« bezeichnet,[5] die Prioritäten für unser politisches Handeln klar zu definieren, haben gerade die letzten Jahre gezeigt. Die Erfahrungen der letzten Jahre lehren uns nämlich, daß Geschichte – um eine These des Philosophen Karl Popper aufzugreifen – nicht das Ergebnis eines unentrinnbaren Fatums ist, sondern vielmehr das Ergebnis des Denkens und Handelns von Menschen.[6]

Die Geschichte kann deshalb auch nicht zu Ende gehen. »Die Geschichte geht nicht zu Ende, sie kommt vielmehr wieder zu ihrem Recht. [...] Die Geschichte hört nicht auf, sie tritt wieder in jenes geregelte Chaos, das ihr Gesetz ist«, schreibt Henry A. Kissinger in der Einleitung zu seinem neuesten Essay-Band *Die sechs Säulen der Weltordnung*[7]. Kissingers Geschichtsverständnis steht dem von Fukuyama also diametral gegenüber. Nach Fukuyamas Ansicht bewegt sich die Geschichte auf ein Ziel, auf ein Ende zu. Das Ende der Geschichte ist das Ende von Kriegen und Revolutionen, einerseits weil es, so Fukuyamas These, keine Ideale mehr gibt, für die in Kriegen und Revolutionen gekämpft werden könnte, und andererseits der Mensch keine Ideale mehr hat, für die zu kämpfen er bereit wäre. Deshalb droht der liberalen Demokratie Gefahr vom Menschen, der ohne Kampf nicht leben kann und der, wenn er nicht mehr für seine Ideale kämpfen kann, gegen diese Ideale kämpfen wird.

Kissinger hingegen vertritt die These von der Wiederholung der Geschichte. Wie alles Sein auf ständigem Werden und Vergehen beruht, so ist auch die Geschichte eine unendliche Wiederholung von Aufstieg und Verfall.

Dieses an Thomas von Aquins Lehre vom Prädeterminismus erinnernde und fast schon fatalistische Geschichtsverständnis unterstreicht, daß Geschichte nach Kissingers Auffassung immer Interpretation und Präfiguration zugleich ist. Die aus historischen Ereignissen gewonnene Kognition der Geschichte geht bei ihm Hand in Hand mit der Präkognition von Geschichte, sprich dem Vorauswissen zukünftigen Geschehens.

Damit wird klar, daß Kissinger keine andere als nur gedeutete

Geschichte kennt, ähnlich wie Hayden White, der in seinem Buch *Metahistory* schreibt: »Wir erfassen die Vergangenheit und das Schauspiel der Geschichte im allgemeinen nach Maßgabe innerer Bedürfnisse und Bestrebungen, die etwas damit zu tun haben, wie wir uns selbst in der gesellschaftlichen Entwicklung wahrnehmen, mitsamt unseren Hoffnungen und Ängsten und mit dem Bild von Humanität, auf das wir für uns selbst setzen.«[8]

Dies aber setzt voraus, daß wir immer wissen müssen, welche intimen Regeln, Vorsätze, Entwürfe, Ideen und Vorstellungen einer Geschichtsschreibung zugrunde liegen, um ihren Erklärungswert und ihre Wirkung würdigen zu können. Dieses Prinzip gilt um so mehr, wenn die Historiegraphie zur Deutung von zeitgeschichtlichen Ereignissen wird oder wenn Geschichtsschreibung – so paradox das auch klingen mag – zum Synonym von Futurologie (im Flechtheimschen Sinne) wird, also von Trendforschung und Prognostik.

Diagnosen der derzeitigen ökopolitischen Weltlage und Präfigurationen der zukünftigen Weltordnung, die in eine gegen jede Art von logischen Argumenten immune Geschichtsmetaphysik inkorporiert sind, können keine befriedigenden Antworten auf die Fragen unserer Zeit geben. Nur mittels einer Futurologie (zu der wir neben der Prognostik und Zukunftsplanung auch die Zukunftsphilosophie und die Pädagogik der Zukunft zählen),[9] die in Zusammenhang mit einer immanenten philosophischen und zu Strukturgesetzen führenden Durchdringung der Geschichte steht, lassen sich sinnvolle Richtlinien und Vorschläge für die Zukunftsgestaltung auf unserem Kontinent, aber auch auf allen anderen Kontinenten ausarbeiten, denn, so Emil Ludwig, »man muß die Geschichte erst studieren, will man sie fortsetzen«[10].

»Finis saeculi« oder Die Wiederkehr der Geschichte

Dem englischen Schriftsteller und Literaturnobelpreisträger John Galsworthy verdanken wir das Bonmot: »Wenn du nicht über deine Zukunft nachdenkst, wirst du keine haben.« Zukunft haben aber heißt an erster Stelle, über seine Vergangenheit nachdenken, sich seiner Vergangenheit bewußt werden. Und gilt nicht auch umgekehrt der Bergsonsche Lehrsatz, daß erst die Zukunft der Vergangenheit Sinn gibt (»C'est le futur qui donne sens au passé«)?

Europas Vergangenheit ist die Vergangenheit eines Kontinents, dessen Geschichte voll von inneren Widersprüchen ist. Genauso widersprüchlich und kontrovers sind deshalb auch die Vorstellungen, die mit dem Begriff Europa verknüpft bzw. mit der Geschichte Europas konnotiert werden. Für die einen steht Europa für die Schaffung grundlegender moralischer Werte wie Freiheit und soziale Gerechtigkeit, für Begriffe wie Humanismus (im etymologischen Sinne), Kosmopolitismus und Philanthropie. Andere verbinden mit Europa wirtschaftliche Ausbeutung, kulturelle Vorherrschaft, Arroganz und Intoleranz, Expansion und Diskrimination.

Über Europas Vergangenheit nachdenken heißt demnach, sich mit dem Aufstieg, Glanz und Niedergang verschiedener europäischer Imperien und Zivilisationen (des Imperium Romanum, des Heiligen Römischen Reiches Deutscher Nation, der Donaumonarchie, des British Empire und des Zarenreiches) zu befassen oder, etwas allgemeiner formuliert, über die großen Krisen der europäischen Geschichte und ihre Bewältigung zu reflektieren. Denn: Europas Geschichte ist eine Geschichte von Krisen, von regionalen, nationalen und internationalen politischen und wirtschaftlichen Krisen, aber auch von weltanschaulichen, psychologischen, kulturellen und intellektuellen Krisen.

Krisis aber bedeutet, so der renommierte Sinologe W. J. F. Jenner, »daß der Punkt erreicht ist, an dem Weichen gestellt werden müssen, an dem eine Wende zum Besseren oder auch zum Schlechteren eintritt«[11].

Die latent krisenhafte Stimmung, die zur Zeit die Szenerie unseres auslaufenden 20. Jahrhunderts beherrscht, unterstreicht, wie sehr gerade die Menschen in diesen letzten Jahren vor der Jahrtausendwende nach einer neuen Philosophie verlangen, und daß wieder einmal der Moment gekommen ist, an dem umgedacht und nach neuen, globalen Lösungen für die Probleme gesucht werden muß, die mit den Zyklen und Wechselfällen der internationalen Politik kommen und gehen.

Wer im Gegensatz zu Paul Valéry (»Die Geschichte ist die Wissenschaft von den Dingen, die sich nicht wiederholen«) die Geschichte als die wissenschaftliche Auseinandersetzung mit Ereignissen betrachtet, die sich – zwar in leicht abgewandelter Form, aber jederzeit – wiederholen können, der weiß, daß die Dekaden vor einer Jahrhundert- bzw. Jahrtausendwende noch nie die blühendsten und vertrauenseinflößendsten Perioden einer Epoche waren – im Gegenteil.

Schon vor tausend Jahren lebten die Menschen in der Angst, mit dem zu Ende gehenden Millenium würde auch die Welt untergehen. Und auch in den Jahrhunderten danach lastete, jedesmal dann, wenn sich das seinerzeitige Saeculum seinem Ende näherte, eine Art Untergangsstimmung wie ein kaudinisches Joch auf den Schultern der Menschen. Dieses Endzeitgefühl ließ sie dann angesichts von sich anbahnenden politischen Umwälzungen oder in Erwartung einer von wichtigtuerischen Untergangspropheten vorausgesagten Naturkatastrophe sofort in einen kataplektischen Zustand verfallen.

Dieses Décadence-Bewußtsein, wie das Endzeitgefühl seit Montesquieus Wortprägung im 18. Jahrhundert genannt wird, war jedoch, wie gesagt, nicht immer unbegründet. Zahlreiche Katastrophen, zu denen wir an allererster Stelle Kriege zählen, nahmen ihren Anfang eher am Ende als zu Beginn oder in der Mitte eines Jahrhunderts, sieht man einmal von den beiden Weltkriegen ab, die in diesem Jahrhundert stattfanden.[12]

Seinen Höhepunkt erreichte dieses kontinuierlich zunehmende Bewußtsein einer politisch-sozialen, philosophisch-moralischen und künstlerisch-kulturellen Krisenlage während der Wende vom 19. zum 20. Jahrhundert. Die mannigfaltigen, zentrifugalen Tendenzen der als Fin de siècle in die Weltgeschichte eingegangenen Periode ließen unsere Vorfahren an den bevorstehenden Untergang des Abendlandes glauben, den der Geschichtsphilosoph und Apokalyptiker Oswald Spengler allerdings erst zu Beginn der zwanziger Jahre dieses Jahrhunderts in seinem gleichnamigen »lunatischen Bestseller«[13] prophezeite.

Das ausgehende 19. Jahrhundert war, ähnlich wie unser sich seinem Ende zuneigendes Saeculum, geprägt von einer extrem prekären Wirtschaftslage. Das Jahr 1873 stand im Zeichen einer akuten Finanz- und Wirtschaftskrise, deren übliche Begleiterscheinungen, Börsensturz und Bankenkrach, überall auf der Welt Menschen an den Rand des Ruins brachten. Dieser Wirtschaftskrise schloß sich eine wirtschaftliche Depression an, die bis 1879 andauerte. Von 1879 bis 1882 war eine leichte Besserung zu verzeichnen, die aber bald in eine zweite Depression mündete, die bis 1886 anhielt. Einer Belebung der Wirtschaft zwischen 1886 und 1892 folgte wiederum eine schwere Krise bis 1895, ehe dann eine Hochkonjunkturphase begann, die etwa bis zum Beginn des Ersten Weltkrieges anhielt.[14]

Schlechte wirtschaftliche Perspektiven sowie politische Instabilität und soziale Unruhen hatten also dazu geführt, daß die Menschen gegen Ende des letzten Jahrhunderts das Vertrauen in die Zukunft verloren hatten. Karl Lamprecht, der erste Historiker, der sich mit dem ausgehenden 19. Jahrhundert ausführlich auseinandergesetzt hat, bezeichnete das Fin de siècle deshalb mit Recht als eine »Periode der Reizsamkeit«.

Eine solche Periode der Reizsamkeit durchleben wir auch jetzt. Allerdings findet diesmal in wenigen Jahren »nicht nur das wohl revolutionärste, ereignis- und erfindungsreichste und erschreckendste Jahrhundert unserer Zeitrechnung seinen Abschluß, mit ihm geht auch ein ganzes Jahrtausend zu Ende. Unser Abschied gilt demnach einem ›fin de millénaire‹.«[15]

Als im November 1989 durch den Fall der Berliner Mauer das Ende des Kommunismus als der die Staatsgeschäfte der sozialistisch-marxistischen Republiken bestimmenden Philosophie eingeläutet wurde und die weltpolitische Landschaft sich durch die Abdankung der Supermacht Sowjetunion und ihrer Satellitenstaaten entscheidend zu verändern begann, herrschte überall in Europa eine wahre Euphorie. Schon bald danach schlug diese euphorische Stimmung jedoch ins Gegenteil um. Angst machte sich breit, Angst vor einer sich anbahnenden Weltwirtschaftskrise und – bedingt durch den Golfkrieg, von dessen Bilderflut jeder Haushalt heimgesucht wurde, und die Zuspitzung der Lage im ehemaligen Vielvölkerstaat Jugoslawien – Angst vor dem möglichen Ausbruch eines

Dritten Weltkrieges. Fast täglich steigende Arbeitslosenzahlen, eine erschreckende Ausmaße annehmende Ausländerfeindlichkeit und eine omnipräsente Bereitschaft zur Anwendung von Gewalt verstärkten dieses Angstgefühl noch, so daß wieder einmal die Phobie kursiert, mit dem nun zu Ende gehenden Millenium gehe auch unsere Welt, die ihre Unschuld längst verloren hat, zu Ende.

Diese Weltendfurcht, dieses genuine Décadence-Bewußtsein versetzt viele in einen Zustand der Lethargie und verleitet sie zu Indolenz. Allerdings gibt es auch einige, die vor diesem Hintergrund von Rezession und Depression nicht kapitulieren, sondern darauf warten, daß die wehmütige Endzeit-Empfindung bald den augenblicklich noch sehr verschwommenen Konturen einer neuen Weltordnung weichen wird.

Eine neue Weltordnung

Jacques Attali, der ehemalige Berater des französischen Staatspräsidenten François Mitterrand, vertritt in einem brillanten Essay über die zukünftige Weltordnung die These, daß »das Schicksal der Menschheit . . . im nächsten Jahrtausend von einer neuen Runde von Gewinnern und Verlierern bestimmt«[16] wird. Natürlich drängt sich einem dann sofort die Frage auf, wer denn nun die Gewinner und wer die Verlierer in der kommenden Weltordnung sein werden.

Bei einer derart simplistischen Kategorisierung riskiert man jedoch, die Eine Welt gleich wieder in zwei Blöcke aufzuteilen und eine neue Bipolarität zu schaffen, die – im Gegensatz zu der auf politisch-militärischer Stärke basierenden bipolaren Struktur der Nachkriegszeit – auf wirtschaftlich-kultureller Prädomination beruhen würde und eigentlich nicht viel mehr wäre als eine den ökonomischen Gegebenheiten von heute angepaßte Restrukturierung des Nord-Süd-Gegensatzes. In ein derartiges sozioökonomisches Dualsystem, in dem sich auf der einen Seite der potentielle Wirtschaftsriese Europäische Union, die technologische Supermacht Japan und der Weltpolizeistaat USA und auf der anderen die hochverschuldeten Staaten Schwarzafrikas und Südamerikas gegenüberstehen, lassen sich die asiatische Großmacht China, die ehemalige Sowjetunion, der überbevölkerte Subkontinent Indien und auch die sogenannten vier Tigerstaaten (Taiwan, Singapur, Hongkong und Südkorea) nicht, jedenfalls im Moment noch nicht, so ohne weiteres einordnen.

Daß aber gerade diese staatlichen, geographischen oder wirtschaftlichen Entitäten – oder zumindest einige von ihnen – das Zünglein an der Waage sind, mit der die so viel beschworene neue Weltordnung ins Gleichgewicht gebracht werden soll, wird von vielen als theoretisches Wunschdenken betrachtet. Nur das Schicksal der ehemaligen Supermacht Sowjetunion und der einst von ihr abhängigen mittel- und osteuropäischen Staaten interessiert den weitgehend größten Teil der regierenden und nichtregierenden Politiker und der sogenannten Global-Policy-Planners. Diese Haltung ist ohne weiteres zu verstehen, war doch die Sowjetunion fast ein halbes Jahrhundert lang eine der beiden die Weltpolitik bestimmenden und die Weltordnung in der Balance haltenden Großmächte. Zu rechtfertigen ist sie jedoch nicht, zumal sehr vieles darauf hindeutet, daß die zukünftige Entwicklung des chinesischen Riesenreiches und die mit fast hyperbolischer Geschwindigkeit wachsende Wirtschaft jener südostasiatischen Staaten, die der in Harvard lehrende Soziologe und Wirtschaftswissenschaftler Ezra F. Vogel »the four little dragons«[17] nennt, zu den großen Herausforderungen zählen, die das 21. Jahrhundert für Europa und die Welt bereithält.

Politische Stabilität durch wirtschaftliche Parität

Im April 1990 hatte Hans-Jörg Rudloff, Direktor der Bostoner Niederlassung der Crédit Suisse, dem Journalisten Steven Greenhouse von der *New York Times* gegenüber behauptet, die europäische Herausforderung bestehe darin, das Europa von 1914 wiederherzustellen, jenes Europa also, das die größte Wirtschaftsmacht der Welt war und das über die weltweit mit dem höchsten Bildungsstand versehene Bevölkerung verfügte, die – und das ist ein gerade von den Qualitätsfetischisten sehr oft unterschätzter Faktor – doppelt soviel zählte wie die Bevölkerung der USA und viermal soviel wie die Japans.[18]

Zu Beginn dieses Jahrhunderts hatte Europa in der Tat eine

derartige Hochkonjunkturphase erlebt, daß diese Hypersomie der europäischen Wirtschaft in der Dekade vor dem Ausbruch des Ersten Weltkrieges heute gerne als Paradigma für das Ziel des mutativ-metamorphen Europa unseres Fin de siècle im Kampf um die wirtschaftliche Vorherrschaft in der zukünftigen Weltordnung betrachtet wird.

Angesichts der momentan äußerst prekären Lage der europäischen Wirtschaft ist es, vor allem aus psychologischen Gründen, eminent wichtig, daß man sich selbst sehr hohe Maßstäbe setzt und auf Ziele hinarbeitet, die man, objektiv betrachtet, eigentlich gar nicht erreichen kann. Ein solcher Ansatz hat den unschätzbaren Vorteil, daß Potenzen freigesetzt werden, die es ermöglichen, aus utopischen Zielen Potentialitäten zu machen, die ihrerseits wiederum Energien und Kräfte freisetzen, mit denen der Revitalisierungsprozeß der europäischen Wirtschaft nicht nur in Gang gesetzt, sondern auch erfolgreich durchgeführt werden kann.

Trotz positiver Impulse aus einigen Donau-Staaten und aus den baltischen Republiken Estland, Lettland und Litauen, in denen – nicht zuletzt durch das Engagement ausländischer Investoren – der Schrumpfungsprozeß gebremst und die Umstrukturierung der Produktion am weitesten gediehen sind, tendiert die osteuropäische Wirtschaft weiterhin zur Schwäche.

Auch in Westeuropa ist die Konjunktur von anhaltenden rezessiven Tendenzen geprägt. Diese unzureichende Dynamik ist vor allem auf zwei Faktoren zurückzuführen: zum einen auf einen schwächeren privaten Verbrauch, dessen Ursachen die Regression der verfügbaren Einkommen und eine stagnierende Beschäftigung sind, und zum anderen auf die als Reaktion auf zu hohe Zinsen und die Verschlechterung der Rentabilität zu wertende Restriktion der Investitionen im Unternehmensbereich. Eine Belebung der westeuropäischen Konjunktur hängt demnach entscheidend davon ab, wie schnell und inwieweit der Vertrauensschwund bei den Unternehmen und Verbrauchern überwunden werden kann.

Vor weit schwierigere Probleme stellt uns jedoch die Behebung der Wirtschaftskrise in den GUS-Staaten. Hier kann von einer Revitalisierung der Wirtschaft noch überhaupt keine Rede sein, denn die sowieso schon unklare und immer noch intransparenter werdende Machtverteilung zwischen Exekutive und Legislative beeinträchtigt auch in zunehmendem Maße die wirtschaftspolitische Handlungsfähigkeit. Parallel dazu wird durch die rasante Beschleunigung der Inflation auch die Rückkehr zur Tauschwirtschaft gefördert. Die wirtschaftliche Misere in den GUS-Staaten ist demnach nur durch die Überwindung monopolistischer Marktstrukturen, die Einführung drastischer Budgetrestriktionen und durch die Schaffung eines effizienten Steuer- und Sozialsystems zu beheben.

Die erste und wichtigste Aufgabe der westeuropäischen Staatengemeinschaft besteht also darin, alle mittel- und osteuropäischen Länder bei der Transformation ihrer einst zentral geplanten in eine funktionierende marktorientierte Wirtschaft zu unterstützen. Allerdings darf das Ziel der Unterstützung, welche die westeuropäischen Länder den mittel- und osteuropäischen Staaten zukommen lassen, nicht die Korrektur einer verfehlten Wirtschaftspolitik durch die Kompensation etwaiger Produktionsrückgänge sein. Ziel der westlichen Hilfe muß es sein, nicht eine neue Dependenz, sondern die Fähigkeit zur Interdependenz, zur produktiven Interaktion zu schaffen. Was angestrebt werden muß, ist die makroökonomische Stabilisierung in den mittel- und osteuropäischen Staaten, denn: Stabilität in Europa kann nur dann gewährleistet werden, wenn alle Teile Europas stabil sind. »Creating security by creating stability« lautet daher das Motto für eine der wichtigsten Aufgaben und Herausforderungen, vor denen wir kurz vor der Jahrtausendwende stehen.

Sozialer Friede in Osteuropa als Garantie für eine gesamteuropäische Friedensordnung

Als die Berliner Mauer, Symbol der durch äußeren Druck fixierten schmerzhaften Trennung zwischen Ost und West, abgerissen wurde, zweifelte kaum mehr jemand daran, daß die Völker Europas den richtigen Weg zu einem dauerhaften Frieden auf ihrem Kontinent eingeschlagen hatten. Doch schon kurze Zeit später wurden wir alle eines Besseren belehrt. Ohne dies zu wollen, sind wir zu Zeugen eines brutalen und grausamen Krieges geworden, der uns einmal mehr die schmerzliche Tatsache vor Augen führt, daß – obwohl Europa überall auf der Welt den Ruf genießt, eine Oase friedlichen Neben- und Miteinanders zu sein – Frieden auch auf unserem Kontinent nicht zu den selbstverständlichen und definitiven Errungenschaften zählt, derer sich eine Völkergemeinschaft erfreut, die seit Jahrhunderten für sich das Epitheton »zivilisiert« in Anspruch nimmt.

Was sich seit nunmehr über zwei Jahren mitten in Europa abspielt, ist eine Schande für den ganzen Kontinent. Wenn das nächste Jahrhundert, wie viele Politiker und Wirtschaftswissenschaftler behaupten, das Jahrhundert Europas werden soll, dann darf sich dieses Europa – weder heute noch zu einem späteren Zeitpunkt – keinen Rückfall ins Paläolithikum erlauben. Wenn Europa auf höchstem internationalem Niveau mitmischen oder gar den Ton angeben möchte, dann dürfen nicht nationale Probleme und nationalistische Konflikte das politische Tagesgeschehen auf unserem Kontinent bestimmen. Und: Wenn Europa sich als Entität international profilieren und positionieren möchte, dann darf es sich nicht immer auf die (militärische) Hilfe anderer verlassen, um seine Probleme zu lösen.

Die Lehre, die man aus der latenten Handlungsunfähigkeit der Europäischen Union im Jugoslawien-Konflikt ziehen muß, sollte nicht die sein, daß Europa immer noch auf die Unterstützung der USA angewiesen ist, wenn es darum geht, eine wie auch immer geartete Konfliktsituation zu bereinigen, sondern die, daß die Verwirklichung einer gemeinsamen europäischen Außen- und Sicherheitspolitik *die* absolute Priorität im zukünftigen Arbeitsprogramm der Zwölfergemeinschaft sein muß. »Es wird höchste Zeit«, so Luxemburgs Premierminister Jacques Santer, »daß sich die Wirtschaftsmacht EG ihrer politischen Verantwortung bewußt wird und die entsprechenden Schritte macht, um von einem eher losen politischen Gefüge zu einer internationalen politischen Macht zu avancieren.«[19]

Die nicht nur wegen der Jugoslawien-Problematik absolut notwendige Intensivierung der Zusammenarbeit in den Bereichen Außen- und Sicherheitspolitik gerät jedoch angesichts einer anderen außenpolitischen Notwendigkeit, nämlich der wirtschaftlichen Revitalisierung und politischen Stabilisierung der mittel- und osteuropäischen Staaten, immer mehr in Verzug.

Die Sanierung der Wirtschaft der ehemaligen Comecon-Staaten fällt ihrerseits wiederum zusammen mit der inneren Entwicklung der Gemeinschaft, die sich aufgrund dieser doppelten außenpolitischen Herausforderung nicht mit der Ausgewogenheit vollziehen kann, die für die binnenmarkt-besessenen Harmonisierungsfetischisten der Brüsseler EG-Kommission die Conditio sine qua non für einen ausgeglichenen Entwicklungsprozeß darstellt. Man muß jedoch den Nachhilfeunterricht in Sachen soziale Marktwirtschaft, den die EU den mittel- und osteuropäischen Staaten zukommen läßt, um ihnen bei ihren Irrungen und Wirrungen durch das Kosten- und Preisgefüge der Weltwirtschaft eine allzu rasante Talfahrt zu ersparen, nicht unbedingt als ein entwicklungshemmendes Element ansehen. Man kann die Mitwirkung der EU bei der Umstrukturierung der maroden Wirtschaftssysteme der mittel- und osteuropäischen Staaten genausogut als belebendes Element verstehen, als etwas, das den inneren Prozeß beschleunigen hilft und ihm zusätzlich eine neue Qualität verleiht. Darüber hinaus kann man die Mitarbeit der EU am Projekt »Aufbau Ost« (hier im übertragenen Sinne) auch als kuratives Mittel gegen die pathologische Süffisanz der EU und als Präventivmittel gegen Introversion in wirtschaftlichen und Autismus in politischen Belangen betrachten.

Dieser Vorbeugungsprozeß gegen jede Art von wirtschaftlicher und politischer Abschottung hat deshalb seine Existenzberechtigung, weil trotz der in sämtlichen ehemaligen Ostblockstaaten deutlich erkennbaren Abkehr von Kommunismus, Sozialismus und Marxismus das Mißtrauen gegenüber dem Osten in der westlichen Welt immer noch tief verwurzelt ist. Wohl auch aus diesem Grund hat der Westen die sich anbietenden Friedenschancen bisher nicht hinreichend aktiv aufgegriffen. In diesem Zaudern der westeuropäischen Entscheidungsträger drückt sich meines Erachtens eine Art »unbewußte Angst vor dem Frieden« aus.

Es ist allerdings jetzt an der Zeit, daß auch die letzten Zweifler und Zauderer im Westen erkennen, daß die mittel- und osteuropäischen Staaten sich auf eine friedliche Zukunft in Freiheit und Selbstbestimmung eingestellt haben. Mit anderen Worten: Einer positiven Friedensgestaltung in ganz Europa steht – mit Ausnahme des immer schwieriger zu lösenden Jugoslawien-Konflikts – nun nichts mehr im Wege.

Die verantwortlichen Politiker in den westeuropäischen Staaten müssen deshalb alles daransetzen, um die Demokratie und die Rechtsstaatlichkeit in den mittel- und osteuropäischen Ländern bzw. in den neu entstehenden Staaten in der ehemaligen Sowjetunion fest und definitiv zu verankern, denn: Der soziale Frieden in diesen Ländern ist die erste Voraussetzung für die Sicherung des Friedens in Europa schlechthin, die ja das erklärte Ziel der Annäherungs- und Verständigungspolitik zwischen Ost und West ist. Die Schaffung einer gesamteuropäischen Friedensordnung, welche die Sicherheit und Stabilität in ganz Europa gewährleistet, ist daher nicht nur ein Gebot der Vernunft, sie ist auch und vor allem ein Gebot der Moral.

Keine neue Weltordnung ohne eine neue Wertordnung

Mit dem Zusammenbruch der marxistisch-sozialistischen Systeme und der Demokratisierung der ehemaligen Ostblockstaaten ist auch die Hoffnung auf ein neues Zeitalter gewachsen. Nach 1918 und 1945 hat die Völkergemeinschaft zum drittenmal in diesem Jahrhundert die Chance zur Schaffung einer neuen Weltordnung, die der Schweizer Moraltheologe Hans Küng bereits mit dem sämtliche Interpretationen zulassenden Epitheton »postmodern« geschmückt und folgendermaßen skizziert hat: »Politisch gesehen hat sie ein demokratisches Staatswesen zur Voraussetzung, ökonomisch gesehen eine sowohl sozial wie ökologisch ausgerichtete Marktwirtschaft, wie sie zumindest im Prinzip von Washington über Brüssel bis Moskau bejaht, wenngleich noch längst nicht entwickelt ist.«[20]

Neben der Festlegung der politischen und wirtschaftlichen Ausrichtung gibt es aber noch eine dritte, weit wichtigere Komponente, die es bei der Schaffung dieser sogenannten postmodernen Weltordnung zu berücksichtigen gilt, nämlich die moralische Ausrichtung. Denn, so Küng: »Keine neue Weltordnung ohne ein neues Weltethos!«[21]

Küng greift, sicher ungewollt, mit seinen Thesen eine Idee des amerikanischen Bühnenautors Tennessee Williams auf, der in seinen *Memoiren* schreibt: »Was uns am allermeisten not tut, ist eine neue Moral.«[22] Wie diese »neue Moral« beschaffen sein soll, erklärt Williams jedoch nicht. Daß sie an erster Stelle dazu beitragen muß, die Herrschaft des Jus talionis zu beenden, das seit Jahren schon überall auf der Welt das einzig geltende Gesetz zu sein scheint, versteht sich von selbst. Offenkundig ist auch, daß diese neue Moral mithelfen muß, um die europäische Völkergemeinschaft vor der definitiven inneren Kapitulation vor einer über den ganzen Kontinent hereinbrechenden Gleichgültigkeits- und Lethargiewelle zu bewahren, deren Ursache und Vorbild die Non-possumus-Haltung der großen Politik angesichts der furchtbaren Ereignisse im ehemaligen Jugoslawien und der Unruhen in vielen Teilen der früheren Sowjetunion ist.

Wie aber muß eine solche neue Moral beschaffen sein, und worauf muß sie aufbauen, um den künftigen Verfall traditioneller Wertvorstellungen und Tugenden wie Nächstenliebe, Ehrlichkeit, Gewissenhaftigkeit und Zivilcourage zu verhindern? Ist ein von Vorurteilen und Ideologien freier, neuer Humanismus, wie ihn Papst Johannes Paul II. in seiner Enzyklika *Veritatis splendor* fordert, die Lösung für die Probleme unserer Zeit oder gar eine mögliche Grundlage für die von Tennessee Williams herbeigewünschte neue Moral?

Eine der wichtigsten Grundlagen der Zukunftsgestaltung war bisher immer das Bewußtsein für den unauflöslichen Zusammenhang von individueller Freiheit und Verantwortung. Eine verstärkte Individualisierung der Lebensgestaltung hat diese für das Funktionieren und Überleben einer Gesellschaft dringend notwendige fundamentale Grundlage jedoch stark aufgeweicht und etwas bröckelig werden lassen. Angesichts einer überdurchschnittlich ausgeprägten, fast pathologische Züge annehmenden und nur in den wenigsten Fällen gerechtfertigten Anspruchsmentalität wird Selbstverwirklichung zu oft mit Egoismus verwechselt oder von arroganten

Zynikern sogar als Euphemismus für diese Untugend verwendet, anstatt daß – wie in einem gesunden sozialen Gefüge üblich – die Inanspruchnahme dieses jedem legitim zustehenden Rechts mit dem nötigen Sinn für Verantwortung verbunden wird.

Dieses Bewußtsein für die Interdependenz von individueller Freiheit und kollektiver Verantwortung war auch die Basis für den unermüdlichen Einsatz der sogenannten Gründergeneration beim Wiederaufbau des durch den Zweiten Weltkrieg völlig marode gewordenen europäischen Wirtschaftsgefüges. Dem verantwortungsvollen Handeln und dem Gemeinsinn jener Generation haben wir unseren Wohlstand und unsere Prosperität zu verdanken. Sie hat es verstanden, Kreativität, Konkurrenzkampf, Leistungswille und Erfolg mit Integrität, Solidarität, Toleranz, Bescheidenheit und Mitmenschlichkeit zu vereinen.

Heutzutage, so scheint es, haben viele dieser Werte nicht mehr die gleiche Bedeutung und das gleiche Gewicht wie Mitte der vierziger Jahre, als Europa nach dem Ende eines verheerenden Krieges vor dem Nichts bzw. vor einem völligen Neubeginn stand. Wiewohl unsere Zeit sich von der Nachkriegszeit grundlegend unterscheidet, so kann doch zumindest eine Parallele nicht geleugnet werden, nämlich die, daß Europa auch heute wieder vor einem Neuanfang steht. Deshalb muß die europäische Gesellschaft auch in der heutigen Zeit die Tugenden und Wertvorstellungen der Gründergeneration beibehalten, wenn sie die Herausforderungen der Zukunft annehmen und meistern will, denn: Nur eine geistig definierte und auf den Grundlagen unserer Kultur aufbauende Wertordnung kann dem mit dem magischen Datum des Jahres 2000 beginnenden neuen Zeitalter den richtigen Kurs geben. »An gewissen Wendepunkten der Geschichte«, so der französische Philosoph und Publizist Frédéric Lionel, »muß der Mensch sich auf sein Erbe besinnen und die wahren Werte der Menschheit zur Geltung bringen. Wir Repräsentanten abendländischer Kultur müssen, unserer großen Vergangenheit eingedenk, durch unsere geistig-sittliche Haltung, durch unseren Einfluß und unsere Entschlossenheit beweisen, daß wir bereit sind, für die von uns als wesentlich erkannten Werte einzustehen und ferner echten Fortschritt zu gewährleisten, der sich nur auf der Grundlage der im Einklang mit der höheren Ordnung entfalteten Vernunft verwirklichen läßt.«[23]

Um dieses Ziel zu erreichen, bedarf es nicht vorschneller Denker, die den Umbruch der weltpolitischen Tektonik als das Ende der Geschichte interpretieren und den Menschen mit ihren Thesen die – gerade in solchen Wendezeiten so wichtige – Hoffnung auf eine bessere Zukunft in einem friedlichen Weltstaat nehmen. Viel wichtiger sind in einer solch unsicheren und schnellebigen Zeit wie der unsrigen Menschen, die für eine auf den traditionellen Wertvorstellungen unserer abendländischen Kultur gründende politische und gesellschaftliche Ethik eintreten, eine Ethik, deren globale Verwirklichung dringlicher ist als je zuvor. Was wir also brauchen, ist nicht so sehr eine neue Moral. Wir brauchen vielmehr neue Menschen, die mit ihrer ganzen Kraft für ein neues Tao in der Politik und für die Verankerung der alten moralischen Werte in einem neuen Gesellschaftsvertrag eintreten.

Anmerkungen

1 Günter Grass, *Unkenrufe. Eine Erzählung*, Göttingen ³1992, S. 15 f.
2 Ebd., S. 47
3 Ebd., S. 89
4 Vgl. Francis Fukuyama, *The End of History*, New York 1992
5 Vgl. Karl-Dietrich Bracher, *Wendezeiten der Geschichte. Historisch-politische Essays 1987–1992*, Stuttgart 1992
6 Vgl. Karl Popper, *The Open Society and its Enemies*, 2 Bde., London 1945, passim.
7 Henry A. Kissinger, *Die sechs Säulen der Weltordnung*. Aus dem Amerikanischen von Guido Geist und Klaus Kochmann, Berlin 1992, S. 7
8 Hayden White, *Metahistory. Die historische Einbildungskraft im 19. Jahrhundert in Europa*. Aus dem Amerikanischen von Peter Kohlhaas, Frankfurt am Main 1991, S. 386
9 Vgl. Ossip K. Flechtheim, »Futurologie«, in: *Handlexikon für Politikwissenschaft*, hrsg. von Wolfgang W. Mickel in Verbindung mit Dietrich Zitzflaff, Bonn 1986 (Schriftenreihe der Bundeszentrale für politische Bildung, Bd. 237), S. 166 ff.
10 Emil Ludwig, *Napoleon*, Frankfurt am Main und Berlin 1991, S. 16
11 W. J. F. Jenner, *Chinas langer Weg in die Krise. Die Tyrannei der Geschichte*. Aus dem Amerikanischen von Ute Spengler, Stuttgart 1993, S. 8

12 Einige Beispiele mögen zur Untermauerung dieser These genügen:

1587: Die Hinrichtung Maria Stuarts löst Englands offenen Konflikt mit Spanien aus.

1588: Die spanische Armada wird vernichtet.

1683: Die zweite Belagerung Wiens durch die Türken löst eine Reihe von Kriegen zwischen den Österreichern und den Türken aus.

1685: Die Aufhebung des Edikts von Nantes veranlaßt etwa eine halbe Million Hugenotten zur Massenflucht.

1688: Beginn des Pfälzischen Erbfolgekrieges – Glorreiche Revolution in England.

1787: Beginn des zweiten Krieges der Russen gegen die Türken.

1789: Beginn der Französischen Revolution.

1792: Beginn des Ersten Koalitionskrieges.

1794: Beginn des polnischen Freiheitskampfes.

1799: Beginn des Zweiten Koalitionskrieges.

13 Hagen Schulze, *Die Wiederkehr Europas*, Berlin 1990, S. 6

14 Vgl. Jens Malte Fischer, *Fin de Siècle. Kommentar zu einer Epoche*, München 1978, S. 11 f.

15 Willy Hochkeppel, *Endspiele. Zur Philosophie des 20. Jahrhunderts*, München 1993, S. 9

16 Jacques Attali, *Millenium. Gewinner und Verlierer in der kommenden Weltordnung*, Düsseldorf, Wien, New York und Moskau 1992, S. 15

17 Vgl. Ezra F. Vogel, *The Four Little Dragons. The spread of Industrialization in East Asia*, Cambridge (Mass.) und London 1991

18 Vgl. Steven Greenhouse, »German Union Instills Vision of a Great Continent Reform«, in: *New York Times*, 3. 4. 1990

19 Zitat aus einem Vortrag zum Thema »Europäische Integration – Modellfall für den Frieden in Europa«, den Premierminister Jacques Santer (Luxemburg) anläßlich des Europäischen Studententages am 22. Mai 1993 in Wien gehalten hat

20 Zitat aus einer Rede, die Hans Küng im Rahmen der Win Conference in Montreux gehalten hat. Die Rede wurde in Auszügen in dem von der Stiftung für Demokratie in Bern herausgegebenen Magazin *Zeitbild* (Nr. 20/93) veröffentlicht

21 Ebd.

22 Tennessee Williams, *Memoiren.* Aus dem Amerikanischen von Kai Molvig, Frankfurt am Main 1993, S. 289

23 Frédéric Lionel, *Eine neue Weltordnung für eine neue Zeit. Zukunftssicht aus abendländischem Bewußtsein.* Aus dem Französischen von Frédéric Lionel, Genf und München ²1993, S. 194

EUROPA
UND DIE NEUE
WELTORDNUNG

EUROPA ZWISCHEN FRIEDENSSICHERUNG UND KONFLIKTVERHÜTUNG

Von Curt Gasteyger,
Direktor des Institut Universitaire de Hautes Etudes Internationales in Genf

Es ist seltsam, wenn nicht beunruhigend, daß sich das heutige Europa – befreit von Lasten und Risiken des kalten Krieges – Gedanken machen muß, wie es den Frieden sichern und Konflikte verhüten soll. Denn mit der einen wie der anderen Aufgabe wird ebenso unverhofft wie schmerzlich deutlich, daß Frieden in Europa nicht gesichert ist und Konflikte weiterhin möglich sind. So war es vor vier Jahren, in jenem turbulenten und hoffnungsvollen Herbst von 1989, nicht gedacht: Als die Mauer der Trennung fiel und Osteuropa seine Freiheit und Selbstbestimmung wiederfand, war die Annahme berechtigt, daß damit auch der zentrale und einzig denkbare national übergreifende Konflikt beseitigt sei. 45 Jahre nach dem Zweiten Weltkrieg schienen endlich jene Voraussetzungen geschaffen, die Europa fortan nicht nur den Frieden sichern, sondern ihm auch seine Einheit wiedergeben würden.

Spätestens seit der unfaßbaren Tragödie im ehemaligen Jugoslawien wissen wir es besser oder, schärfer formuliert, sind wir eines Besseren belehrt. Krieg, jedenfalls bewaffnete Konflikte sind nicht nur immer noch möglich, sondern bereits auch beunruhigende Wirklichkeit. Was am westlichen Rande Europas, in Irland, an blutigem Bürgerzwist seit Jahrzehnten hingenommen wird, findet nun an der südöstlichen Peripherie dieses Europas seine bedrückende Verlängerung. Ob diese ihre Fortsetzung entweder Richtung Norden oder weiter hin zum Osten finden wird, ist eine bange Frage. Europa wird sich ihr stellen müssen. Sollte sie bejaht werden, gilt es, uns darauf vorzubereiten. Die Kriege im Kaukasus und in Zentralasien, in den Randzonen der ehemaligen Sowjetunion, weisen in diese Richtung. Vorderhand agiert hier Rußland als sicher nicht uneigennütziger Schiedsrichter bzw. »Konfliktregler«.

Von außen – aber nicht nur von dort – gesehen, bietet Europa somit das Bild eines unruhigen, ungesicherten und seiner Zukunft ungewissen Kontinents. Alles scheint in Fluß gekommen oder in Frage gestellt zu sein: Fortgang und Zielbestimmung der europäischen Einigung, soziale Stabilität und wirtschaftlicher Aufschwung in den wohlhabenden und verwöhnten Gesellschaften Westeuropas, Ausmaß und Akzeptanz der wirtschaftlichen Reformen in den ehemals kommunistischen Ländern Osteuropas und schließlich innerer Frieden und äußere Selbständigkeit der Mitglieder der »Gemeinschaft Unabhängiger Staaten« (GUS). Mit seiner im Mauerbruch von Berlin symbolhaft gewordenen Öffnung bis weit in die Steppen Sibiriens hinein haben Europa und die Sorge um die Gestaltung seiner politischen und wirtschaftlichen Zukunft eine ganz neue, überkontinentale Dimension erhalten. Niemand weiß, ob das solchermaßen erweiterte Europa über hinreichend materielle Substanz, institutionelle Mittel und konzeptionelle Vorstellungskraft verfügt, um diese ordnungspolitische Aufgaben bewältigen zu können.

Natürlich ist die Bilanz der vier Jahre nach dem Ende des kalten Krieges oder, wohl genauer, der ebenso sinnlosen wie aufwendigen Ost-West-Konfrontation, nicht nur negativ oder nur bedrohlich. Die Tatsache, daß der Zusammenbruch des europäischen Kommunismus und der von ihm beherrschten Systeme ohne größeres Blutvergießen ablief; die Tatsache, daß auf unabsehbare Zeit hinaus ein großer und vor allem ein nuklearer Krieg unwahrscheinlich geworden ist; die Tatsache, daß der Kontinent nicht mehr geteilt und Deutschland wiedervereinigt ist – all das sind positive Elemente, die weder selbstverständlich noch langfristig zu unterschätzen sind.

Trotzdem haben wir es heute nicht mit einem »Europa triumphans«, sondern mit einem Kontinent voller Selbstzweifel, wenn nicht gar Resignation zu tun. Die Gleichzeitigkeit von Konflikten im Osten und Rezession im Westen, von sozialen Spannungen im Innern und Unsicherheit über Fortgang und Intensität, Sinn und

Umsetzung des »Maastrichter Vertrages« hängen wie ein Bleigewicht an einem Europa, das sich noch vor kurzer Zeit in euphorischer Aufbruchstimmung wähnte.

An Diagnosen über den Gesund- oder wohl eher den Krankheitszustand dieses »neuen« Europa fehlt es keineswegs. Auch nicht an Übereinstimmung dahingehend, daß bisher bewährte Institutionen und politische Zielvorstellungen nicht mehr ausreichen, um mit den vielen gleichzeitigen Herausforderungen zu Rande zu kommen. Patentrezepte gibt es nicht. Dies allein schon deshalb nicht, weil wir es nicht mit erkenn- und definierbaren Größen, nicht mit feststehenden Fakten und leicht regulierbaren Strömungen zu tun haben. »Alles fließt« würde der oft zitierte Ben Akiba zur Beschreibung des gegenwärtigen Aggregatzustandes bemerken.

Zu diesem Zustand gehört das ohne Übertreibung als dramatisch zu nennende Auseinanderbrechen der drei zu Unrecht als »Föderation« bezeichneten Staatsgebilde Sowjetunion, der Republik Jugoslawien und der Tschechischen und Slowakischen föderativen Republik. Innerhalb von kaum mehr als einem Jahr – von Ende 1991 bis Ende 1992 – haben sich diese drei Staaten in ihre geschichtlich gewachsenen oder neu konstituierten Bestandteile aufgelöst. Aus ihnen sind bisher insgesamt 21 Staaten – vom Baltikum bis hin zu Tadschikistan – entstanden. Noch ist nicht gewiß, ob das von Serbien beanspruchte Kosovo, das von Georgien gelöste Abchasien oder andere aufstrebende Minderheiten sich als selbständige Staaten konstituieren werden. Unter dem Strich gebar dieser von niemandem erwartete Auflösungsprozeß eine Staatenvielfalt, wie es sie vor der Einigung Deutschlands und Italiens im 19. Jahrhundert auf dem Kontinent nicht mehr gegeben hat. Die Mehrzahl dieser »neualten« Länder sind klein, kleiner als die Schweiz mit ihren sechs Millionen Einwohnern. Sie sind aber nahezu allesamt politisch ungesichert und wirtschaftlich unterentwickelt, jedenfalls auf äußere Hilfe angewiesen und zu grundlegenden Reformen im Inneren aufgerufen. Manche haben ihrerseits Minderheiten, seien sie ethnisch, religiös oder sprachlich, deren Rechte noch unbestimmt und deren Zukunft ungewiß ist. Es mangelt an Tradition oder Einsicht zum Kompromiß, mit dem Minderheiten Sonderrechte zugestanden werden; es mangelt auch noch an jener Selbstsicherheit, welche die Hand zum Entgegenkommen bietet – selbst da, wo man sich im Recht glaubt. Föderalismus als oft schwieriges Zusammenleben unterschiedlicher Gruppen und Meinungen, Gebräuche und Ansprüche ist in den Weiten und Überlieferungen Osteuropas praktisch unbekannt. Wo Föderalismus als Ordnungsprinzip deklariert wurde – eben gerade in den drei nun aufgelösten Staatsverbänden –, wurde er durch »demokratischen Zentralismus«, Einparteienherrschaft oder einfach durch bloßes Beharren der Mehrheit auf ihre »angestammten« Rechte diskreditiert.

All das sind wenig verheißungsvolle Voraussetzungen für eine konflikt- und spannungsfreie Entwicklung innerhalb und zwischen diesen 21 Ländern selbst sowie einer störungs- und spannungsfreien Beziehung zu den jeweiligen Nachbarländern. Das gilt etwa für das Verhältnis der Slowakei sowie der in ihrem künftigen Status noch ungesicherten Vojvodina zu Ungarn; es gilt für jenes zwischen Serbien mit dem von ihm beanspruchten Kosovo sowie Albanien; es gilt für Mazedoniens Beziehungen zu Griechenland, für Moldawiens Verhältnis zu Rußland wie für die Belastungen zwischen Lettland und Estland einerseits sowie in diesen Ländern lebenden Letten, Esten und Russen andererseits.

Der Prozeß staatlichen Neuaufbaus und nachbarlichen Miteinanders wird unvermeidlicherweise langwierig sein. Selbst da, wo er – wie zu hoffen steht – friedlich verläuft, wird es viel guten Willens auf allen Seiten und eines gehörigen Maßes an politischem Kraftaufwand und an Lernbereitschaft bedürfen. All das ist nicht nur eine Angelegenheit der betroffenen Staaten selbst. Es ist eine solche des ganzen Europa. Dieses sieht sich nach vierzig Jahren gegenseitiger Abgrenzung und räumlich begrenzter Zusammenarbeit gleich zwei neuen Aufgaben gegenüber: zum einen der Schaffung und Förderung politisch und wirtschaftlich stabiler Verhältnisse in einem von den Shetland-Inseln bis weit nach Zentralasien reichenden Raum; zum anderen in der Sicherung und Fortführung des in der Europäischen Gemeinschaft während fast ebensolanger Zeit durchgezogenen Integrationsprozesses. Das eine wird nicht ohne das andere gehen.

Die Gemeinschaft oder, seit dem 1. November 1993, die Europäische Union, bildet, bei all ihrer Unvollkommenheit, den Ansatz- und Ausgangspunkt für eine wie auch immer zu gestaltende europäische Ordnung. Diese Überlegung stand sicher auch beim Zustandekommen des so gar nicht von allen begrüßten Vertrags von Maastricht Pate. Sie behält ihre Gültigkeit aber selbst da, wo die volle Verwirklichung dieser Union entweder Stückwerk bleibt oder in immer weitere Ferne verschoben wird. Deswegen wäre es fatal, wenn die Gemeinschaft wesentliche Teile ihres erreichten Bestandes zugunsten einer allzu raschen Öffnung nach Osten schmälern oder wenn umgekehrt ihre Stabilisierungsbemühungen in diesem »Osten« sie an der Fortführung ihrer eigenen Integrationsbemühungen hindern würde.

Jede dieser Aufgaben übersteigt, für sich genommen, fast schon das derzeit vorhandene Kapital an politischem Gemeinwillen und Gestaltungskraft. Beide Aufgaben – Vorantreiben des Einigungswerkes im Inneren und Schaffung einer einigermaßen stabilen gesamteuropäischen Ordnung – in einem gewissen koordinierten Gleichtakt bewältigen zu wollen, würde wahrhaft herkulische Kräfte erfordern. Sie sind im heutigen Europa schlechthin nicht vorhanden. Unabhängig von den im Vordergrund stehenden wirtschaftlichen und sozialen Sorgen stehen praktisch alle europäischen Länder vor wichtigen Wahlen, befindet sich Italien im vollen inneren Umbruch, stehen Länder wie Schweden, Österreich und Norwegen vor dem innenpolitisch keineswegs unumstrittenen Gang in die Europäische Union. Die Bereitschaft, über diese Anforderungen hinaus ohne Zwang noch weitere zu bewältigen, ist dementsprechend gering.

Die eigentliche Aufgabe der Konsolidierung der Gemeinschaft und der Stabilisierung des erweiterten Europa steht erst noch bevor. So haben die letzten vier Jahre seit 1989 kaum tragfähige Grundlagen zu ihrer Bewältigung geschaffen. Sie waren bestenfalls Jahre des Übergangs, teilweise verbunden mit Fortschritten im politischen und wirtschaftlichen Reformprogramm in Osteuropa, teilweise aber gezeichnet durch vielerlei Enttäuschungen und deutlichen Rückschlägen selbst in Westeuropa. Ein ganz besonderes

Kapitel bilden die Turbulenzen in den GUS-Ländern. Immer klarer wird erkannt, daß manche Wurzeln kommunistischer Denkweise oder nationalistischer Vorstellungen tiefer sitzen als gemeinhin angenommen; auch wird deutlicher erkannt, daß die so sehr ersehnte Bewegungsfreiheit ihren Preis unter anderem in einem sich immer weiter spannenden Netz von Kriminalität aller Art fordert. Ganz neue, jedenfalls in ihrem Umfang unerwartete Gefährdungen der Sicherheit werden aktuell. Sie richten sich nicht in erster Linie gegen Staaten und deren Institutionen, sondern gegen die Gesellschaft und den einzelnen.

Die Traktandenliste, die sich aus diesen Entwicklungen für Europas Rolle hinsichtlich Friedenssicherung und Konfliktregelung ergibt, ist damit ebenso lang wie überreichlich befrachtet. Irgendwie müssen alle diese Herausforderungen auf den verschiedenen Ebenen und gegenüber verschiedenen Adressaten erkannt, aufgenommen und angegangen werden. Daß hier Prioritäten zu setzen sind, ist klar. Daß sie nicht immer in der den Problemen und ihrer Dringlichkeit gemäßen Reihenfolge gesetzt werden können, leider auch. Hier seien kurz die traditionellen, aber deswegen keineswegs weniger aktuellen Bereiche der politischen Ordnung und der militärischen Sicherheit angesprochen. Beide bleiben tragende Pfeiler von Friedenssicherung und Konfliktverhütung in Europa.

Die erste – und vielleicht wiederum wichtigste – Sorge gilt der Zukunft Rußlands und seiner Stellung in und zu Europa. Das in gleich dreierlei Hinsicht: Einmal betrifft dies die innenpolitische Grundverfassung der ja keineswegs spannungsfreien Russischen Föderation, sodann deren Verhältnis zu den übrigen Mitgliedern der GUS – und schließlich Rußlands Politik gegenüber Europa. Die drei Bereiche bedingen einander. Ein innerlich gefestigtes Rußland wird wiederum stärker Orientierungs-, wenn nicht Haltepunkt vieler GUS-Mitglieder. Die Anzeichen einer schrittweisen Wiedereingliederung in einen russisch dominierten Staatsverband sind nicht zu übersehen. Das zeigen die bisher allerdings wenig erfolgreichen Anläufe zur Bildung eines Wirtschafts- und Währungsverbundes zwischen Rußland und den meisten GUS-Staaten; das zeigen auch die russischen militärischen Hilfs- und Beschwichtigungsaktionen im Kaukasus und in Tadschikistan. Rußland hat damit – bisher durchaus geduldet, wenn nicht sogar ermuntert vom Westen – eine wirtschaftliche und militärische Ordnungsfunktion unter den ehemaligen Sowjetrepubliken übernommen. Positiv gesehen, kann diese Funktion stabilisierend, konfliktverhütend und -schlichtend wirken; negativ bewertet, könnten darin Vorzeichen eines neu erwachenden und nach außen ausgreifenden russischen Macht- oder Einflußanspruches gesehen werden. Dies zumal da, wo der Verdacht nicht unbegründet ist, daß russische Militärs da und dort solche Konflikte geschürt haben, um damit ihren in den letzten Jahren so zurückgestutzten Nutzen wieder in Erinnerung zu bringen. Rußlands Anspruch auf eine Ordnungsrolle gewinnt aufgrund der krisenhaften Entwicklungen in den neuen Staaten jedenfalls fast eine Art Eigendynamik. So könnte die katastrophale Wirtschaftslage die Ukraine gegen ihren Willen wiederum stärker an Rußland binden. Oder es könnte innerhalb der Ukraine zur Abspaltung jener Regionen führen, in denen der russische Bevölkerungsteil besonders stark ist.

Mit diesen notwendigerweise skizzenhaften Hinweisen soll lediglich angedeutet werden, daß selbst eine gewisse Demokratisierung und wirtschaftliche Liberalisierung das Problem »Großmacht Rußland« für Europa – und die Welt – noch lange nicht lösen. Es wird einer sehr sorgfältigen Steuerung bedürfen, die zwischen Extremen wie Isolation und Integration, Demütigung und Ermunterung, Einbindung und Zurückbindung Rußland das jeweils Richtige und Gemäße zuweisen. Heute schon ist klar, daß Rußland mit seinen 150 Millionen Einwohnern und seiner asiatischen Komponente nicht Mitglied der Europäischen Union – in welcher Zusammensetzung auch immer – werden kann. Es ist jedoch ebenso klar, daß die Union ein elementares Interesse daran haben muß, mit Rußland ein gegenseitig fruchtbares partnerschaftliches Verhältnis zu entwickeln.

Im selben Atemzug stellt sich auch die Frage nach einer militärischen oder sicherheitspolitischen Zusammenarbeit zwischen Europa (oder dem Westen) und Rußland bzw. der sich zweifellos wandelnden GUS. Abermals besteht weitgehend Einigkeit darüber, daß Rußland nicht Mitglied der Nordatlantischen Allianz werden soll oder kann. Über seine wohl kaum in wirklich substantielle militärstrategische Bereiche hineingreifende Mitgliedschaft beim Nordatlantischen Kooperationsrat (NACC) dürfte die Annäherung nicht gehen. Rußland bleibt damit – und durchaus natürlicherweise – eine Militärmacht eigenen Rechts, mit eigenen Vorstellungen über seine Verteidigung und seine Sicherheit. Das schließt Zusammenarbeit, Koordination und Abkommen verschiedenster Art nicht aus. Im Gegenteil.

Viel heikler ist die Frage, ob und bis wohin die NATO nach Osteuropa hinein erweitert werden soll. Die Frage wurde bisher zwar nicht verneint; sie wurde offen gelassen. Das ist unter den gegenwärtigen Umständen wahrscheinlich richtig, obwohl manches für eine stärkere Einbindung von Ländern wie Polen, Ungarn und der Tschechischen Republik spricht. In dieser für beide Seiten – Ost und West – unschlüssigen und unbefriedigenden Phase kommt der aus den NATO-Ländern stammende und von den Vereinigten Staaten übernommene Vorschlag für eine »Partnerschaft für Frieden« zeitlich wie politisch genau zur richtigen Zeit. Mit diesem Vorschlag verbindet sich das Angebot der Allianz an die Staaten Mittel- und Osteuropas, aber auch an die neutralen Länder Europas und an Mitglieder der GUS, in eine formelle Verbindung mit der Allianz zu treten. Mit ihr soll eine sozusagen maßgeschneiderte, das heißt den sicherheitspolitischen Bedürfnissen der jeweiligen Länder entsprechende Vereinbarung eingegangen werden. Dazu können Beratungen über gemeinsame Fragen, Ausbildung, Koordination und möglicherweise auch gemeinsame friedenserhaltende Missionen gehören.

Wesentlich bei diesem NATO-Vorschlag ist einmal, daß die sicherheitspolitisch bisher »heimatlosen« Staaten im Osten Europas Anbindung an die westliche Allianz finden, ohne daß diese bereits zu politisch heiklen und den Zusammenhalt unter den Mitgliedstaaten belastenden Sicherheits- oder Verteidigungsgarantien verpflichtet wird. Wichtig ist, zweitens, daß mit diesem Partnerschaftsangebot die Aussicht auf eine spätere reguläre Mitgliedschaft in der NATO verbunden wird. Unabhängig davon, ob diese Perspektive sich später einmal in einer Mitgliedschaft konkretisieren wird, ist sie von psychologisch erheblicher Bedeutung. Sie ist es für die osteuropäischen Länder ebenso wie für Rußland. Denn einmal wird Moskau diese Möglichkeit einer späteren Osterweiterung der NATO in seine strategischen Kalkulationen miteinzubeziehen und sich dementsprechend darauf einzurichten haben. Zum anderen bietet dies für die osteuropäischen Länder die Möglichkeit, ihre verteidigungspolitische Planung schrittweise auf ein sich erweiterndes europäisches Beziehungsnetz einzurichten. Die NATO-Staaten werden ihrerseits dazu gebracht, ihre überholte Haltung gegenüber außerhalb des Allianzbereiches liegenden Regionen (»out of area«) zu überdenken und damit auch ihre Rüstungstransferpolitik zu liberalisieren.

Die Parallele zu den von der Europäischen Union abgeschlossenen bzw. noch in Aussicht genommenen »Europa-Abkommen« mit praktisch denselben Ländern Osteuropas ist unverkennbar. Auch diesen wird – im wirtschaftlichen Bereich – eine sich schrittweise verdichtende Zusammenarbeit angeboten, ebenfalls mit der Aussicht bzw. der Zusage, daß sie in eine EU-Mitgliedschaft einmünden kann. Diese politische Zusage vermag Enttäuschungen über den langwierigen Weg nach Brüssel zu mildern. Sie gewinnt dadurch eine nicht zu unterschätzende »Vorwirkung«, wo sonst Geduld und Opferbereitschaft der Bevölkerung und ihrer Regierungen allzu lange auf die Probe gestellt würden – ein etappenweises, nach dem Grade politischen Vermögens und wirtschaftlicher Gesundung abgestuftes Vorgehen also. Mit ihm würden nicht vage Hoffnungen geweckt, sondern konkrete Zusicherungen gegeben. Genau das kann und sollte auch die Zielrichtung des NATO-Angebotes der Partnerschaft an die Staaten des ehemaligen Ostblocks sein. Auch mit ihm soll ein Prozeß der Annäherung und Zusammenarbeit eingeleitet werden, an dessen Ende die Aussicht einer Zugehörigkeit zum westlichen Bündnis stehen sollte.

Dies die vorderhand noch weitmaschigen, aber realistischen Vorstellungen zu einer großräumigen sicherheits- und wirtschaftspolitischen Vernetzung des erweiterten Europa. Niemand wird behaupten wollen, daß damit schon Konflikte vermieden oder geregelt sind oder Europa als Ganzes gesichert wäre. Dafür fehlen einerseits die Bereitschaft der konfliktträchtigen Parteien, andererseits auch der politische Wille der außenstehenden Mächte und Organisationen, die zahlreich zur Verfügung stehenden Mechanismen und Regelungen wirklich anzuwenden. Das für Konfliktschlichtung vorhandene Arsenal ist jedoch beachtlich. Es gibt keinen Kontinent auf der Erde, der über eine so reichhaltige Tradition der Schiedsgerichtsbarkeit und der Vermittlung verfügt – und auch keinen, der sich eines so dichten Netzes an funktionierenden Institutionen rühmen kann. Trotzdem hat all das im Jugoslawien-Konflikt weitgehend versagt. Auf seiten der Konfliktparteien wurden (und werden) Verhandlungen oft genug nicht als Zweck an sich, sondern als Mittel zum Zweck angesehen. Ihre Ergebnisse, wenn es denn solche überhaupt gibt, werden deswegen auch nicht respektiert. Auf seiten der außenstehenden Staaten und Organisationen wiederum fehlt jene Geschlossenheit, mit der das ganze ihnen zur Verfügung stehende Gewicht gegenüber den Konfliktparteien zur Geltung gebracht werden könnte.

Europa wird deshalb, will es sich vor weiteren »Jugoslawien« bewahren und wirksame Rahmenbedingungen friedlichen Zusammenlebens im inner- wie im zwischenstaatlichen Bereich schaffen, über Institutionen wie die »Konferenz für Sicherheit und Zusammenarbeit« (KSZE) hinausgehen müssen. Die KSZE hat sich sowohl im kalten Krieg wie in der Zeit unmittelbar danach bewährt. Sie ist aber von den Entwicklungen teilweise überholt worden, ist teilweise überfordert. Eine drei Kontinente (Nordamerika, Europa, Asien, mit Japan als Beobachter) und – vorläufig – 52 Staaten umfassende Gemeinschaft ist zumindest so lange nicht handlungsfähig, solange sie, gezwungenermaßen, am Konsensprinzip mehr oder weniger starr festhält. Damit wird nicht der Schaffung einer neuen Organisation das Wort geredet. Europa hat deren genug, zumindest so lange, solange sich die bestehenden nicht selber aufgeben oder von Grund auf neu gestalten wollen. Worauf es in dieser Übergangszeit – deren Ende heute nicht abzusehen ist – ankommt, ist deshalb, Vorhandenes und Bewährtes zu nutzen, nach innen hin zu stärken und nach außen hin schrittweise zu erweitern.

Ein Europa der verschiedenen Geschwindigkeiten ist kein Europa der Resignation. Es ist ein Europa, das sich seiner Vielfalt bewußt ist, das sie auch dort bewahren will, wo sie Stärke und Reichtum des Kontinents ausmacht. Zugleich gilt es aber auch, diese Vielfalt in Verpflichtungen und Spielregeln einzubinden, die den sehr unterschiedlichen Bedürfnissen und Möglichkeiten aller kooperationswilligen Staaten gerecht zu werden vermag. Das ist eine ebenso mühevolle wie unentbehrliche Aufgabe. Nur da, wo sie angepackt und schrittweise bewältigt wird, darf das neu sich bildende große Europa hoffen, sich selbst den Frieden zu sichern. Es würde damit zugleich ein verläßlicher, wenn nicht gar modellhafter Partner für andere, der Friedenssicherung und Konfliktregelung noch viel bedürftigeren Weltregionen werden.

QUO VADIS, GERMANIA?

Deutschlands Rolle in der Welt von morgen

Von Hans Stercken,
Vorsitzender des Auswärtigen Ausschusses
des Deutschen Bundestages

Es ließe sich schon ein schlüssiges Konzept entwickeln, welchen Weg die Deutschen künftig nehmen sollen. Schwieriger ist es, dies im Bezug auf eine bislang unbekannte neue Weltordnung zu beschreiben.

Natürlich, der Begriff der neuen Weltordnung ist seit dem Ende des Golfkrieges in aller Munde, doch der Zustand, den wir erleiden, ist eher eine neue Weltunordnung, die sich aus einer Änderung vieler Machtstrukturen zwangsläufig ergibt.

Um gleich eine erste Frage zu stellen, die vielleicht an den Kern unserer Interessen langt: Wie viele Supermächte gibt es noch auf dieser Welt? Gibt es überhaupt noch eine Supermacht, die für sich in Anspruch nehmen kann oder will, Führung in dieser Welt zu leisten?

Der Westen hat nie eine Schwierigkeit gehabt, in unseren amerikanischen Bundesgenossen und Freunden eine Macht zu vermuten, die auf lange Zeit Führungsfunktionen ausüben würde, in die alle anderen grundsätzlich Vertrauen setzen könnten.

Auch hier werden wir zunehmend unsicher, ob es derartige Voraussetzungen künftig noch geben wird und wie weit in den Allianzen noch gemeinsame Zielsetzungen entwickelt werden können, denen nicht nationale Egoismen entgegenstehen.

Dabei war der Zwang zur Gemeinschaft, der Zwang zur Einheit und Union nach dem Krieg die große Alternative zu allen bisherigen politischen Konzepten.

Es ist dabei bedeutungslos, ob Stalin kräftig nachgeholfen hat, die Europäer zu größerer Einheit zu veranlassen. Wir müssen uns heute angewöhnen, daß diese Einheit nicht nur eine Notwendigkeit zur

Gewährleistung militärischer Sicherheit ist, sondern daß auch gemeinsame Außen-, Wirtschafts-, Finanz-, Sozial- und Umweltpolitik ohne äußere Bedrohung zu europäischer Gemeinsamkeit Veranlassung geben, weil sich die Probleme in nationaler Isolation nicht lösen lassen.

Insofern ist Deutschland mit seiner Verfassung festgelegt, die deutschen Angelegenheiten im Rahmen einer europäischen Friedensordnung zu bedenken und zu betreiben, und jeder, der von diesem Weg abzuweichen trachtet, befindet sich damit nicht mehr im Einklang mit dem Grundgesetz.

Nun sollen die Menschen nicht nur zu ihrem Glück gezwungen werden. Es wäre verhängnisvoll, wenn in einer Demokratie die politische Selbsteinschätzung nur noch auf dem Rechtswege herbeigeführt werden könnte.

Es ist ohnehin schon bedenklich genug, daß statt politischer Entscheidungen das deutsche Bundesverfassungsgericht immer wieder zu Entscheidungen gezwungen wird, die eigentlich ausschließlich Sache des Parlamentes sind und die dort nicht zur Entscheidung reifen, weil die erforderliche Zweidrittelmehrheit nicht zustande gebracht wird.

Das Geschenk der deutschen Einheit hat uns alle überrascht. Es führte im Ausland zunächst zu der Besorgnis, nun könne sich auch in Deutschland wieder der Nationalstaat regen, schließlich wäre das ja nicht eine vereinzelte politische Episode in der Europäischen Gemeinschaft gewesen. Es ist Helmut Kohl zu verdanken, daß durch den Eintritt Gesamtdeutschlands in die Nordatlantische Allianz und durch eine besonders beharrliche Vertretung des Konzeptes für die künftige Europäische Union dem im Grundgesetz verankerten Auftrag rechtzeitig entsprochen worden ist.

Rechtzeitig auch deshalb, weil in aller Welt der Egoismus und der Separatismus Urständ feiern und weil es daher immer schwieriger wird, Menschen auf gemeinsame Zielsetzungen festzulegen.

Wir beobachten das ja nicht nur im Bereich der Innen- und Außenpolitik, sondern wir spüren jeden Tag, wie unbarmherzig sich der Umgang zwischen den Menschen entwickelt. Manchmal hat man den Eindruck, daß sich inzwischen jeder selbst der Nächste ist und daß deshalb Gemeinwohl, Gemeinsamkeit in Gemeinde, Stadt, Staat, Gesellschaft, ja in Europa, ja in dieser Welt frostiger werden.

Da war es die höchste Zeit, daß in Maastricht ein Grundgesetz für Europa verkündet wurde, dessen Ausfüllung wir noch nicht in Einzelheiten kennen, das aber Gott sei Dank Gesetzeskraft hat, so daß wir uns in diesem Rahmen auch dann in die Pflicht nehmen, wenn sich am Ende nicht alle diesem Geleitzug anschließen oder wenn ihn einige sogar verlassen sollten . . .

Die europäische Perspektive ist also keine Beliebigkeit für die Deutschen. Sie ist Bestandteil ihrer Verfassung, die nicht durch demoskopische »Tricks« ausgehebelt werden kann.

Wenn politische Meinungsmacher unserer Tage natürlich die Frage stellen, ob wir anderen Geld geben sollten, dann muß man sich in einer Zeit der Rezession nicht wundern, wenn Mehrheiten das ablehnen.

Wer heute, wie es die Deutschen tun, ganz beträchtliche Hilfe für Rußland und viele andere Staaten leistet, bringt Opfer für Europa, die den demokratischen Kurs stärken. Ein Rückfall in die Nomenklatura würde uns alle ein Vielfaches des Geldes kosten, das wir heute für die Entwicklung neuer demokratischer Strukturen hergeben.

Leider sind die Kommuniques, in denen von solchen Fragen die Rede ist, so abstrakt, daß oft der operative Teil der Politik dabei gar nicht mehr interessiert. Das ist auch darauf zurückzuführen, daß eine ganze Reihe von Staaten, die zur Mitwirkung befähigt wären, abseits stehen und auch den Deutschen zu vieles überlassen, obwohl sie mit der »Aufforstung« der neuen fünf Länder über die Maßen belastet sind.

Für die Opfer der Konferenz von Potsdam haben die westlichen Demokratien noch kein überwältigendes Konzept entwickelt. Dies trägt sicherlich nicht dazu bei, den Bürgern in diesen betroffenen Staaten die Demokratie als das attraktive System vorzuführen, in dem ein höheres Maß an Solidarität, an menschlicher und europäischer Verbundenheit erwartet werden kann.

Deutschland in seiner Mittellage würde sich auch ein glaubwürdigeres Konzept für die künftigen Sicherheitsstrukturen im Osten Europas wünschen. Man kann natürlich immer noch darüber glücklich sein, daß die Atlantische Allianz überlebt hat und der Warschauer Pakt zusammengebrochen ist, aber ist mit dem Kooperationsrat der Nordatlantischen Allianz schon ein hinreichendes Konzept für die künftige Sicherheit aller dieser Staaten gegeben? Werden nicht längst neue Konfliktgefahren sichtbar, insbesondere auch außerhalb Europas, an denen sich kaum eine europäische oder eine atlantische Gemeinschaft wird beteiligen können, wenn nicht ein globales Sicherheitssystem entwickelt werden kann, für das sich wahrscheinlich in diesem Jahrhundert nie weniger Voraussetzungen haben entdecken lassen als in der Zeit des Machtverfalls?

Peinlich ist auch mir, daß wir derzeit nicht einmal für die Staaten, die mit westlichem Konsens von der seinerzeitigen Sowjetunion unterdrückt worden sind, eine hinreichende Aussicht für ein wirkungsvolles Sicherheitssystem anbieten können. Die NATO muß das ermöglichen!

Gerade weil die ökonomischen Probleme und damit auch die Frage nach einer Mitgliedschaft in der Europäischen Union nicht so schnell beantwortet werden kann, sollte die Frage nach einem ausreichenden Sicherheitssystem entschieden werden können, bevor der lange Weg zu einer sozialen Marktwirtschaft nicht auch eine Chance auf Schutz durch die Europäische Union eröffnet.

Hier fühlt sich Deutschland in einer besonderen Verantwortung, obwohl die Auswirkungen dieser Politik Europa als Ganzes betreffen.

An diesem Beispiel wird übrigens auch deutlich, daß wir uns in Europa noch nicht daran gewöhnt haben, die Kümmernisse und Probleme aller Partner in Betracht zu ziehen – und das gilt auch für uns Deutsche.

Die Probleme des Fundamentalismus und des Islamismus, die Auswirkungen, die sich augenblicklich besonders in Algerien zeigen, sind nicht eine Sache für die Spanier oder die Franzosen allein. Wird dieser Teil der Gemeinschaft durch extreme Entwicklungen belastet, so ist das in meinen Augen eine Belastung Gesamteuropas – und dies gilt gleichermaßen natürlich auch für die Probleme des europäischen Ostens. Sie liegen genauso nahe bei Bonn wie bei Paris, London oder Rom.

Aber dieses gemeinsame Nachdenken ist unseren Völkern noch nicht vertraut, und deshalb fühlen sie sich im Augenblick auch nicht so gut aufgehoben, daß sie sich darum auch überzeugen ließen, wenn diese Entwicklung von ihnen Opfer einfordert.

Niemand aber spricht mehr von eine Neutralisierung Deutschlands, wie es in den Tagen der Vereinigungsgespräche von Oppositionspolitikern in Bonn zu hören war. Es gibt keine »Rückversicherung« mehr zur Vertretung deutscher Interessen. Was immer auch kommen mag, diese Option der Deutschen ist dauerhaft.

Es wird noch viel »Verdrossenheit« und Nörgelei geben, aber sie trifft nicht den Kern der Sache: Das europäische oder das atlantische Bündnis stehen nicht zur Disposition; das ist für alle Europäer wichtig, nicht nur für die Deutschen selber. Sind dies nun Feststellungen, die dem Wunschdenken entspringen?

Ereignisse im Lande zeigen ja immerhin, daß es an verwirrten Geistern keinen Mangel hat. Mit Erstaunen feiert gerade in jugendlichen Zirkeln Altbekanntes aus der Zeit des Unheils Urstand, und man ist bestürzt, wie solches Denken in Köpfen Platz greift, ohne daß eine direkte Beziehung zu jenen Zeiten vorläge.

Doch Zeiten des Umbruchs sind Zeiten für extremes Denken, nicht nur in Deutschland. Entscheidend ist, wie stabil die Gesellschaft ist und wie sie damit fertig wird. Da sehe ich nach allen meinen Erfahrungen keinen Grund zur Beunruhigung. Die Demokratie wird mit diesen Auswüchsen fertig. Daran habe ich keinen Zweifel.

Da beunruhigt mich schon eher die ethische Lage der Nation. Verdrossenheit ist ja oft nur ein Alibi für versagte Mitwirkung und damit verbundene Verantwortung. An dieser Abstinenz haben viele mitgewirkt, die populistische Wirkungen erzielen wollten, nicht nur die um Akzeptanz und Wiederwahl besorgten Politiker, auch die Kirchen und Sozialpartner, kurz alle, denen es weniger um die Wahrheit als um vordergründige Wirkungen ging.

Dabei lassen sich unseren Völkern auch unangenehme Wahrheiten vermitteln. Das Vertrauen mag sich nur nicht zu entwickeln, wenn statt Information Anbiederung stattfindet. Gefälligkeitsdemokratie ist eine schlimme Sache. Es muß in Zukunft mehr eingefordert werden, sonst verkommt die Gesellschaft in ihrem Wohlstand.

Auch das ist ein neuer Zustand: Wir müssen mit dem Frieden leben. Der Neubeginn wird nicht mehr nach Zerstörung und Krieg erforderlich; er muß sich ständig in der Normalität des Friedens vollziehen, und das ist nicht nur ein politisches Problem ... Aber es ist lösbar, und viele Einrichtungen stehen dafür zur Verfügung. In diesem Sinne braucht Deutschland mehr Glauben, Hoffnung und auch mehr Liebe – und damit meine ich nicht die, die über den Bildschirm kommt.

Die kulturelle Dimension in Europa darf nicht auf Sparflamme behandelt werden. Die deutsch-französische Symbiose hat einmal in der Kathedrale von Reims ihren Anfang genommen. Welche Perspektiven vermitteln wir heute den Europäern, die in Politik, Wirtschaft und Kultur einen Sinn erkennen wollen, der sich auf unsere geistigen Grundlagen bezieht?

Mit Identität allein ist es nicht getan! Die Menschheit verfügt eben auch über Maßstäbe und Zielsetzungen, die darüber hinausgehen – und die müssen sichtbar sein, wenn sie Orientierung und Gemeinschaft ermöglichen sollen.

Solange nur vom Binnenmarkt die Rede war, versprach sich jedermann wirtschaftliche Vorteile. Für die Deutschen und ihr Verständnis um ihre Rolle und ihren Weg ist es jedoch entscheidend, sich in der neuen Einheit wiederzufinden.

Die Europäer und insbesondere die Deutschen müssen sich das Erlebnis gönnen, das die Einheit Europas vermittelt, um allem Zerfall, aller Zerstörung, aller Auflösung in Europa die Wertvorstellung der Einheit entgegenzusetzen.

Den Deutschen wurde die Einheit beschert. Die deutsche Einheit ist im Grundgesetz mit der Einheit Europas verschwistert. Das lebt aber nur, wenn es erlebbar wird. Mit Europa, in Europa.

Ist das eine fromme Hoffnung? Wer nicht an diesen Erfolg glaubt, soll sein Tun nicht Politik nennen.

Quo vadis, Germania? Viam pacis, humanitatis et unitatis. Viam unitatis europaeae.

DER KLEINSTAAT ALS MORALISCHE MACHT

Zur Viabilität kleiner Staaten in der kommenden Weltordnung

Von Jacques Santer,
Premierminister von Luxemburg

Seit der Zeit der Sumerer und des antiken Griechenlands bis in die Gegenwart haben Kleinstaaten zu allen historischen Epochen den Beweis dafür geliefert, daß es keiner umfangreichen Bevölkerung und keiner großräumigen politisch-militärischen Machtentfaltung bedarf, um in der Weltgeschichte tiefgreifende Spuren zu hinterlassen.

Wir selbst verstehen uns als Angehörige eines Kulturraums, dessen religiös-ethische, philosophisch-wissenschaftliche, literarisch-künstlerische und politisch-rechtliche Fundamente in der Schöpferkraft der biblischen Kleinstaatenwelt des Nahen Ostens sowie der griechischen Stadtstaaten ihren Ursprung haben.

Fügt man hinzu, in welch hohem Umfang neuzeitliche europäische Kleinstaaten (z. B. Oberitalien) seit der Renaissance zur Entstehung der modernen Kunst, der empirischen Naturwissenschaft, der privatkapitalistischen Unternehmensführung, der staatlichen Außenpolitik und Diplomatie und vieler anderer – heute weltweit verbreiteter – Errungenschaften beigetragen haben, ist die Folgerung nicht unberechtigt, daß Kleinstaaten die bevorzugte Geburtsstätte für welthistorisch bedeutsame Innovationen sind, während sich die Funktion größerer Staatengebilde häufig darauf beschränkt, solche Neuerungen innerhalb großer geographischer Räume auszubreiten und im Medium stabiler Institutionen zu verankern.

Der Kleinstaat als »moralische Macht«?

Zweifellos sind nicht nur die gehobenen Imperative der jüdischen Propheten, der christlichen Bergpredigt oder der sokratischen Ethik, sondern auch viele unserer lebenspraktischen Moralvorstellungen ursprünglich im Kontext kleiner Staaten entstanden. Genauer betrachtet, sind es allerdings nicht so sehr unsere Grundsätze individueller Moral, sondern unsere Prinzipien des konkreten sozialen Zusammenlebens und der politischen Ethik, die sich von ihren kleinstaatlichen Geburtsstätten aus über die ganze Erde verbreitet haben. So haben uns die griechischen Stadtstaaten in der »Polis« das Modell einer zumindest auf kleinem Raum praktikablen politisch-gesellschaftlichen Gesamtordnung vorgeführt, die aufgrund ihres Anspruchs, das moralisch Gute mit dem politisch Vernünftigen zur Deckung zu bringen, bis in die neueste Zeit (z. B. bei Hannah Arendt) ihren Vorbildcharakter behielt.

Bis in die Zeit Montesquieus hielt man es für selbstverständlich, daß politische Demokratie nur im Rahmen eines kleineren städtischen Gemeinwesens realisierbar sei, dessen Bürger sich alle auf demselben Platz versammeln konnten.

Die Holländer haben den übrigen Staaten Europas und der Welt gezeigt, was praktische Liberalität im Umgang mit Fremden bedeutet, und in der Schweiz sind – im Rahmen des Roten Kreuzes und der Genfer Konventionen – jene kriegsvölkerrechtlichen Normen entstanden, deren Mißachtung (z. B. im aktuellen bosnischen Krieg) wir als Rückfall in die Barbarei empfinden.

Die bedeutsame Wirkung kleiner Staaten auf die Entwicklung kollektiv-politischer Moralität zeigt sich darin, daß wir den auf Konfliktvermeidung ausgehenden »Konkordanzdemokratien« Europas – allesamt kleinere Staaten – bei der Konstruktion der europäischen Einheit Vorbildcharakter zuerkennen oder daß größere Staaten häufig auf Schweden, Dänemark oder die Niederlande blicken, wenn es ihnen darum geht, ihre wohlfahrtsstaatlichen Einrichtungen zu perfektionieren. Dennoch wäre es unangemessen, den Kleinstaaten per se besondere moralische Qualitäten beizumessen – abgesehen von der eher trivialen Tatsache, daß sie mangels Machtmittel meist nicht in der Lage sind, sich beispielsweise eines Genozids oder ähnlich monströser Untaten schuldig zu machen.

Vor allem muß man bedenken, daß es sich bei den genannten Beiträgen zur kollektiv-politischen Moralität um Leistungen handelt, denen ähnlich beachtliche Beiträge zur Amoralität und Unmoralität gegenüberstehen.

Auch die vielfältig nachgeahmten diktatorischen Herrschaftstechniken altgriechischer Tyrannen und die zynischen Schriften eines Machiavelli haben offensichtlich im Kontext der Kleinstaatlichkeit günstige Entstehungsbedingungen gefunden, und die jüngste Geschichte zeigt deutlich genug, daß man in der Welt kleiner Staaten nicht nur modellhafte Vorbilder, sondern im Gegenteil auch besonders mißlungene und abschreckende Illustrationsfälle (Uganda, Libanon, Kambodscha, Albanien usw.) findet.

Diese negative Kehrseite kleinstaatlicher Schöpferkraft wird in der politischen Wissenschaft häufig damit in Zusammenhang gebracht, daß kleine Staaten bei der Ausgestaltung ihrer Ordnungsstrukturen und Aktivitäten mehr Freiheitsgrade besitzen, weil sie im Vergleich zu Großstaaten weniger Gewicht hätten und weniger beobachtet würden. So findet man zahlreiche Kleinstaaten, die ihre Prosperität auf fragwürdige Bankengesetze und Privilegierungen juristischer Personen oder auf eine überaus liberale Zulassung von Spielkasinos abstützen – also auf Praktiken, die für größere Länder untragbar wären, da sie den Protest der Weltöffentlichkeit hervorrufen würden.

Gerade in einer Welt, wo die Regierungen aller Länder sich in wachsendem Maße der Überwachung und Kontrolle durch die Massenmedien unterworfen fühlen, wachsen den Kleinstaaten paradoxerweise gesteigerte Autonomiechancen zu, weil sie sehr viel weniger als beispielsweise die USA oder Deutschland befürchten müssen, ins erbarmungslos-grelle Rampenlicht der Weltöffentlichkeit zu geraten. Aus demselben Grund unterliegt umgekehrt die Europäische Union in all ihren Entscheidungen und Handlungen einem stärkeren globalen »Disziplinierungsdruck« als alle ihre einzelnen Mitgliedsländer, die – isoliert handelnd – ein im Vergleich zu den USA und Japan relativ wenig beachtetes Dasein fristen könnten.

Der Vorzug kleiner Staaten liegt also nicht so sehr darin, daß sie – gemäß irgendwelcher Maßstäbe der Humanität oder Rationalität – moralisch »besser« wären, sondern daß sie dank ihrer breiten und relativ ungehinderten Innovationstätigkeit der Welt ein breites Reservoir von alternativen moralischen Vorstellungen und Praktiken vorführen, die von der internationalen Gemeinschaft unter dem Gesichtspunkt ihrer ethischen Qualitäten beurteilt und ausgefiltert werden können.

Wer das anzustrebende Gute als etwas bereits Bekanntes und Feststehendes ansieht, wird der »Kleinstaaterei« leicht jede ethische Berechtigung absprechen, weil es in diesem Falle nicht bloß gerechtfertigt, sondern sogar geboten scheint, dieses bekannte Gut innerhalb möglichst weiter geographischer Räume homogen auszubreiten und konsenspflichtig zu verankern.

Wer das Summum bonum hingegen in skeptischer Weise als etwas (noch) Unbekanntes (bzw. zeitlich oder kulturell Relatives und Variables) betrachtet, das zuerst exploriert und aufgefunden werden muß, wird eine Welt bevorzugen, in der viele kleinere Staaten unabhängig voneinander ihre (gleichzeitig chancen- und risikoreichen) Trial-and-error-Strategien betreiben.

Unter diesem Blickwinkel erscheint es beispielsweise sehr nützlich, daß der Zerfall des Ostblocks zu zahlreichen kleineren Staaten geführt hat, die den gigantischen Transformationsprozeß zur Marktwirtschaft – eine historisch einmalige Aufgabe, deren optimale Lösung niemand kennt – relativ unabhängig voneinander in Angriff nehmen. Denn nur so ist garantiert, daß mit begrenztem Aufwand und Risiko vielerlei verschiedene Reformpfade beschritten werden – und darunter vielleicht auch jener, der aufgrund seiner fruchtbaren Ereignisse allen übrigen Ländern zum Vorbild dienen kann.

Überlebensbedingungen kleiner Staaten – gestern und heute

Frühere Elogen auf die Vorzüge der griechischen Polis und anderer Kleinstaaten waren – ebenso wie die Sehnsucht der Juden an ihre verlorengegangene Heimat – meist von einem Hauch nostalgischer Resignation überschattet, weil sie sich von der Erinnerung an unwiederbringlich verlorene – und dementsprechend leicht einer Verklärung anheimfallende – politische Staatsgebilde nährten.

Tatsächlich haben kleine Staaten in vorindustriellen Zeitepochen, in denen der Umfang an (Acker-)Land über Macht und Reichtum entschied, keine günstigen Überlebensbedingungen gefunden. Viele haben nur existiert, weil (bzw. solange) in ihrer Nachbarschaft keine konsolidierten und handlungsfähigen Staatsgebilde bestanden. Und andere nur deshalb, weil sie in einer unwirtlichen oder schwer zugänglichen geographischen Nische beheimatet waren oder weil eine größere Schutzmacht an ihrem Weiterbestand ein strategisches Interesse hatte.

Ein weltpolitischer Beobachter mußte noch im 19. Jahrhundert angesichts der nationalen Einigungsbestrebungen und der expandierenden Kolonialreiche zu der – neulich noch vom Ethnologen Carneiro ernsthaft vertretenen – Schlußfolgerung gelangen, daß seit der Zeit neusteinzeitlicher Dorfsiedlungen ein konstanter Trend zur Bildung immer großräumigerer territorialer Staatsordnungen im Gange sei, der möglicherweise erst in einem allumfassenden Weltstaat sein Ende finden würde. Er hatte sich bei dieser Prognose sicherlich auf die spektakulären Fortschritte in der Transport- und Kommunikationstechnologie gestützt, die es zunehmend leichter machen, derartige Gebilde zu schaffen und politisch-administrativ zusammenzuhalten.

Inzwischen haben sich diese Technologien zwar in dramatischem Ausmaß weiterentwickelt – aber dennoch bietet die Weltlage ein völlig anderes Bild. Aus dem Zusammenbruch der Kolonialreiche und praktisch aller multinationalen Staatsbildungen (Österreich-Ungarisches Reich, Osmanisches Reich und neuerdings die Sowjetunion) sind in der zweiten Hälfte dieses Jahrhunderts in rascher Folge zahlreiche neue Kleinstaaten entstanden, die mit den größeren Staaten meist völlig friedlich und bedrohungsfrei koexistieren.

Es gibt manche Anzeichen, daß dieser Zerfallsprozeß in Zukunft rasch weiter voranschreiten wird, weil in zahlreichen Staaten virulente Sezessionsbestrebungen im Gange sind, während umgekehrte Projekte zur Vereinigung bisher autonomer Staaten kaum vorkommen und militärische Annexionsversuche seit längerem meistens erfolglos abgebrochen werden.

In paradoxer Gegenläufigkeit zur zunehmenden Globalisierung der Kommunikationen, Verflechtungen und Kooperationen einerseits und zur immer größeren Dringlichkeit planetarischer Problemlagen andererseits scheinen nicht nur die Visionen eines Weltstaates, sondern auch die Chancen zur Entstehung neuer Hegemonialordnungen, ja sogar zum Weiterbestand mancher bisheriger Nationalstaaten immer mehr zu schwinden – zugunsten eines fragmentierten Nebeneinanders kleinerer, auf der Basis ethnischer Homogenität oder regionalistischer Identifikation konstituierter Staaten, die allerdings im Rahmen internationaler Organisationen zunehmend in weitreichende transnationale Verpflichtungen und Kooperationsstrukturen eingebunden werden. Erst heute können Kleinstaaten – überall in der Welt – ihre politische Integrität dauerhaft bewahren, ohne daß sie in Isolation verharren müssen und/oder sich zu einer dauerhaften Anspannung ihrer militärischen Abwehrkräfte gezwungen sehen.

Vieles spricht dafür, daß diesem Tatbestand keineswegs bloß ephemer-zufällige, sich in Zukunft rasch wieder verflüchtigende Konstellationen der Weltgeschichte zugrunde liegen, sondern längerfristige Faktoren, die in fundamentalen Entwicklungstendenzen der moderneren Wirtschaft und Politik ihre Ursache haben.

Die ökonomische Ursache besteht wahrscheinlich darin, daß Macht und Reichtum heute nicht mehr vorrangig – wie in der Agrargesellschaft – auf Landbesitz beruhen, sondern auf dem erfolgreichen Einsatz von Kapital, Organisation und Humanressourcen für die wirtschaftliche Produktion. Da dies eine starke räumliche Konzentration der Kräfte (für Zwecke betrieblicher Organisation) voraussetzt, wachsen jenen Staaten die besten Entwicklungschancen zu, die – zum Beispiel dank ihrer Kleinräumigkeit – nicht genötigt sind, ihre Ressourcen auf weiten Territorien extensiv zu streuen. Die Folge besteht darin, daß Kleinstaaten einerseits keinen Anlaß sehen, sich aus ökonomischen Gründen mit größeren Ländern zu vereinigen, während die großen Länder dermaßen mit inneren Entwicklungsproblemen beschäftigt sind, daß sie an militärischen Eroberungen jedes Interesse verlieren. Dieser Trend zur »Introversion« ist der Grund, warum

1. die USA bereits nach dem Ersten Weltkrieg zu einer Doktrin nationaler Selbstbestimmung übergewechselt sind (und ihren Sieg im Zweiten Weltkrieg deshalb nicht für Annexionen ausgenutzt haben) und
2. die Sowjetunion unter Gorbatschow in einem Zustand ungebrochener militärischer Stärke zur eigenen Selbstauflösung schritt, weil sie ihren Herrschaftsapparat nur noch als Hemmnis für ihre sozioökonomische Entwicklung empfand.

Aus diesem Grund kann man auch nicht behaupten, die Kleinstaaten Westeuropas seien aus wirtschaftlichen Gründen an einer Forcierung der politischen Union Europas besonders interessiert – sonst würden Dänen, Norweger, Isländer und Schweizer wohl eine sehr viel weniger zögerliche Haltung zeigen.

Viele neueste Entwicklungen in der Wirtschaft sprechen dafür, daß die wirtschaftlichen Vorteile großer Staaten sich in Zukunft noch weiter verringern werden. So hat sich bei Unternehmern und Managern in den letzten Jahren die Auffassung verbreitet, daß nur kleinformatige Betriebe in der Lage seien, mit den heute üblichen Anforderungen an Innovativität und Flexibilität Schritt zu halten. Und dank neuer mikroelektronischer Technologien können auch kleine Firmen ein Effizienzniveau erreichen, das früher nur sehr umfangreichen Massenproduktionsunternehmen zugänglich war.

Unzweifelhaft ist, daß neben den klassischen Handelsbeziehungen auch die Kooperationsstrukturen wirtschaftlicher Produktion einer immer stärkeren globalen Vernetzung unterliegen – was alle Staaten dazu nötigt, die für den freien Fluß von Gütern und Informationen nötigen Voraussetzungen zu schaffen.

Völlig verfehlt aber wäre die Annahme, daß darüber hinaus ein Motiv oder gar ein Zwang zu weitreichender politischer Integration erwachsen würde, der mit dem Weiterbestand autonomer Kleinstaaten unvereinbar wäre. Glücklicherweise, ist man hier versucht zu sagen, denn selbst im Falle ökonomischer Ineffizienz gebe es für die meisten Kleinstaaten genügend politische und kulturelle Gründe, um – wenn auch unter Kosten verringerten Wohlstands – weiterhin zu existieren.

Ein Blick auf die neueste Geschichte und die aktuelle Weltlage zeigt, daß die meisten kriegerischen Auseinandersetzungen nicht mehr Konflikte *zwischen* Staaten sind, die durch Schaffung einer umfassenderen (z. B. hegemonialen oder imperialen) Zentralgewalt beseitigt werden könnten, sondern genau umgekehrt: *binnenstaatliche* Bürgerkriegskonflikte, die – wenn überhaupt – nur durch eine Teilung des entsprechenden Landes ihre Lösung finden.

Zumindest eine Tatsache für diesen – in seinen Konsequenzen bisher noch viel zuwenig erkannten – Tatbestand liegt darin, daß zur Verhinderung, Moderierung oder Beilegung zwischenstaatlicher Konflikte ein gigantischer Apparat von internationalen Normstrukturen, Organisationen und Institutionen (z. B. im Rahmen der UNO) geschaffen wurde, während zur Behandlung intranationaler Kriege – wie momentan etwa in Bosnien, Angola und Somalia deutlich wird – keine wirksamen Verfahrensweisen zur Verfügung stehen.

Wir sind leicht versucht, in diesen vielfältigen Sezessionsbestrebungen vorrangig das Werk rückständiger Ethnien oder unbelehrbarer »Nationalisten« zu sehen, die mit ihrem gruppenegoistischen Verhalten das Friedenskartell der bestehenden Staaten unterminieren. So berechtigt dies auch sein mag, so verbauen wir uns dadurch aber das Verständnis dafür, daß hier Forderungen auf kollektive Selbstbestimmung angemeldet werden, die wir für uns selbst schon lange – und zwar nicht nur aus traditioneller Gewohnheit, sondern unter Berufung auf höchst ehrbare Verfassungsgrundsätze – in Anspruch nehmen.

Zum vollen Verständnis dieses Phänomens müssen wir endlich vom Irrtum der Französischen Revolution Abschied nehmen, daß aus dem bürgerlichen Emanzipationsprozeß bloß das befreite einzelne Individuum hervorgehen würde, das wegen seines Verlustes an traditionellen Bindungen sich um so bedingungsloser dem Zentralstaat unterordnen müßte. Vielmehr haben dieselben Liberalisierungsprozesse auch zu einem kumulativen Anwachsen vielfältiger kollektiver Freiheitsansprüche geführt, unter denen die Autonomieforderungen ethnischer und regionalistischer Gruppen ganz offensichtlich eine ständig anwachsende Bedeutung erlangen.

Die vielleicht größte Bedrohung für umfassende politische Staatsbildungen entsteht heute wahrscheinlich daraus, daß die Bürger mit wachsendem Wohlstand immer mehr Wert auf eine Lebensqualität legen, zu der beispielsweise auch gehört, daß man auf die Gestaltung der lebensrelevanten Nahwelt wesentlich Einfluß nehmen kann, daß die Verwaltungsbeamten, mit denen man Umgang hat, dieselbe Sprache sprechen oder daß die wachsenden Steuerabgaben im gut überblickbaren Rahmen von Politikern derselben Denkart verwaltet werden.

Zunehmend wird es als äußerst undemokratisch empfunden, daß einzelne Völker (wie z. B. die Amerikaner oder die Franzosen) die Chance haben, ihre Sprache und Lebenskultur weltweit zu verbreiten, während minoritären Ethnien nicht einmal das Recht zugestanden wird, ein von ihren Traditionen geprägtes Schulsystem, die Medienszene oder die öffentliche Verwaltungsorganisation aufrechtzuerhalten oder ihrem Idiom den Rang einer Schrift- und Literatursprache zu verleihen.

Gegenläufig zur unvermeidlichen Ausbreitung globaler Interdependenzen und homogener weltzivilisatorischer Denk- und Verhaltensstile scheint dem Politischen heute immer mehr die kompensative Funktion zuzukommen, als Ausdrucksmedium für eine traditionelle ethnische Kultur zu dienen und den Bürgern zwar eingeschränkte, aber dafür leicht zugängliche Chancen politischer Teilnahme und Gestaltung zu eröffnen.

Der Kleinstaat in der Ära internationaler Organisationen

Falls der Trend zur Kleinstaatlichkeit voranschreitet und selbst die größten Staaten immer weniger bereit sind, hegemoniale Ordnungen zu bilden und weltpolitische Verantwortung zu übernehmen, wird nicht das Übermaß, sondern das Zuwenig an Machtausübung zum vorrangigen Problem.

Es ist völlig evident, daß der Rückzug der Nationen in introvertierte Eigenaktivitäten mit der unaufhaltsam anwachsenden Vielfalt und Dringlichkeit globaler Problemlagen in einem kaum zu überbietenden Diskrepanzverhältnis steht – es sei denn, daß internationale Organisationen verfügbar sind, die mit ausreichenden Aktionskapazitäten auf Weltebene ausgerüstet werden.

In einer Welt der Kleinstaaten wird völlig evident, daß man leistungsfähige internationale Organisationen braucht, um wettzumachen, was den Nationen an Verantwortungsbewußtsein und an Problemlösefähigkeiten fehlt – genauso wie die Staaten umgekehrt risikoloser klein und selbstbezogen sein können, wenn sie die globalen Anliegen bei internationalen Organisationen gut aufgehoben wissen.

Bereits vor zwanzig Jahren sprach der Friedensforscher Johann Galtung von den internationalen Organisationen als einem »unsichtbaren Kontinent«, der im Gegensatz zu den territorialen Landmassen nicht den Großmächten, sondern den kleineren Staaten hervorragende Möglichkeiten der »Kolonisierung« biete.

Seither hat sich bestätigt, daß diese Gebilde vielfältige neue Chancen außenpolitischer Aktivität und transnationaler Einflußnahme eröffnen, die mit der Größe und der politisch-militärischen Stärke eines Staates nur in einem lockeren Zusammenhang stehen. So bieten die meisten internationalen Organisationen ihren kleineren Mitgliedern auf formeller Ebene Repräsentations- und Teilnahmemöglichkeiten an, die in einem weit überproportionalen Verhältnis zu ihrer geringen Bevölkerungszahl und ihrem bescheidenen Finanzierungsbeitrag stehen. Nicht genug damit, stehen doch den Kleinstaaten mannigfache informelle Chancen wirksamer Einflußnahme offen. Zum Beispiel dann, wenn es ihnen dank reger und qualifizierter Teilnahme gelingt, innovative Vorschläge überzeugend vorzutragen oder ihre Anliegen in der Allianz mit anderen Mitgliedstaaten durchzusetzen.

Zum erstenmal in der Geschichte ist den Kleinstaaten damit heute ein – ständig anwachsender – Raum für risikolose und angstfreie internationale Beziehungen eröffnet, weil sie dabei keine Gefahr laufen, sich in umfassende und irreversible Abhängigkeiten zu verstricken. Allerdings werden Kleinstaaten durchweg jene transnationalen Engagements bevorzugen, in denen die zwei folgenden Voraussetzungen erfüllt sind: Erstens sollte es sich durchweg um spezifisch umgrenzte und bei Bedarf kündbare Verpflichtungen handeln. Denn weil ein kleines Land nicht darauf hoffen kann, sich in einem Konflikt mit größeren Staaten durchsetzen zu können, ist es um so mehr darauf angewiesen, sich im Bedarfsfall zurückzuziehen und anderen Partnern zuwenden zu können. Deshalb profitiert der Kleinstaat besonders ausgiebig von allen technischen und wirtschaftlichen Entwicklungen, die es ihm ermöglichen, im Prinzip die ganze Erde als Operationsfeld zu benutzen – und aus zwingendem Eigeninteresse wird er sich für Handelsliberalisierungen einsetzen, die alle regionalen und kontinentalen Grenzen überschreiten. Und zweitens haben kleine Länder naheliegenderweise eine Präferenz für jene internationalen Organisationen, die alle Mitglieder – nach dem Prinzip »one Nation, one vote« – ungeachtet ihrer Größe als gleichrangige Mitglieder anerkennen. Je kleiner sie sind, desto dringender sind sie darauf angewiesen, daß die »Nation« als Trägersubjekt unveräußerlicher Rechte erhalten bleibt – weil die einzige Alternative dazu besteht, die Stimmengewichte im Namen der Demokratisierung proportional zur Bevölkerungsgröße (»one man, one vote«) zu verteilen und den großen Mitgliedsländern dadurch ein unangreifbares Übergewicht zu verschaffen.

Sind diese Bedingungen erfüllt, kann sich der Kleinstaat in mancher Hinsicht im internationalen Raum sogar überdurchschnittlich frei bewegen, weil er im Gegensatz zu mächtigeren Großstaaten nicht vom Risiko gehemmt wird, im Falle des *Miß*lingens sein Gesicht zu verlieren, sondern umgekehrt von der Chance beflügelt wird, im Falle eines *Ge*lingens unerwartet viel positives Profil zu gewinnen.

Von der Autonomie zur Partizipation

In einer Zeit, in der die großen Länder sich immer mehr ihren inneren Problemen zuwenden, werden die Kleinstaaten paradoxerweise genötigt, einen genau umgekehrten außenpolitischen Paradigmawechsel zu vollziehen. Anstatt in einer Welt voller Risiken in defensiver Weise ihre Selbständigkeit zu erhalten, geht es heute darum, in einer Welt voller Chancen in vielfältiger Weise teilzunehmen und ihren Einfluß geltend zu machen. So scheint sich zum Beispiel auch in einem traditionell abseits stehenden Land wie der Schweiz langsam die Auffassung durchzusetzen, daß man von der traditionellen »passiven Neutralität« – die sich in der Nichtteilnahme an Kriegen erschöpfte – Abschied nehmen muß, um eine »aktive Neutralität« (z. B. durch Teilnahme an UNO-Einsätzen) an ihre Stelle zu setzen.

Anstatt defensiv ein eng begrenztes, aber um so vehementer verteidigtes Reservat interner Selbstbestimmung aufrechtzuerhalten, segelt der moderne Kleinstaat ins offene Meer chancenreiner globaler Beziehungen und Interdependenzen, in denen er einerseits viele Bereiche angestammter innenpolitischer Selbstbestimmung zur Disposition stellen muß, andererseits aber dafür durch vielfältige Möglichkeiten transnationaler Einflußnahme reichlich entschädigt wird – allerdings nur dann, wenn er durch Einfallsreichtum, taktisches Geschick und andere Intelligenzleistungen wettmachen kann, was ihm an politisch-militärischer und ökonomischer Machtentfaltung fehlt.

Internationale Organisationen vervielfältigen seine Möglichkeiten, sich in einer ihm entsprechenden, wohldosierten Weise an praktisch allen globalen Aktivitäten mitzubeteiligen und auf jene charakteristische Weise anregend und innovativ zu wirken, wie dies für viele seiner Vorgänger in früheren Epochen kennzeichnend war.

Angesichts der Vielfalt möglicher Engagements einerseits und der Knappheit seiner Mittel andererseits kann und muß heute jeder Kleinstaat auf neue Weise darüber nachdenken, welche Interessen und Ziele er eigentlich verfolgt und in welchen Feldern kontinentaler oder globaler Politik er Mitverantwortung tragen möchte. Praktisch unbegrenzt sind seine Möglichkeiten, in der Entwicklungszusammenarbeit, der Umweltpolitik, der Friedensvermittlung und vielen anderen Bereichen auf neue Weise moralische Statur und internationalen Respekt zu gewinnen – oder vor sich selbst und der ganzen Welt als unbelehrbar-selbstbezogene »Trittbrettfahrernation« dazustehen, die parasitär von den Leistungen anderer profitiert.

Es ist evident, daß die künftige Außenpolitik kleiner Staaten einem strengen ethischen Maßstab zu genügen hat, der um so stärker hervortritt, je weniger sie glaubhaft machen können, daß alle ihre Kräfte durch Anstrengungen zur schieren Selbsterhaltung gebunden würden.

SUPRANATIONALITÄT UND SUBSIDIARITÄT ALS SCHLÜSSELBEGRIFFE EINES NEUEN EUROPA

Von Adolf Ogi,
Bundespräsident der Schweizerischen Eidgenossenschaft (1993)

Es mag überraschen, daß sich an dieser Stelle ein Vertreter der offiziellen Schweiz zu Wort meldet, um über Supranationalität und Subsidiarität im sich integrierenden Europa zu reflektieren, wo doch sein Land vor noch nicht langer Zeit es abgelehnt hat, sich auch nur wirtschaftlich stärker in Europa einzugliedern. Dieser scheinbare Widerspruch ist symptomatisch für das nach wie vor ambivalente Verhältnis der Schweiz zu Europa, in dem sie ihren Platz nach den Umwälzungen der jüngeren Vergangenheit noch nicht wiedergefunden hat. Als Bürger eines Landes, das mitten in Europa liegt, kommen wir Schweizer nicht umhin, immer aufs neue unsere Beziehungen zu ihm zu überdenken. Während Hunderten von Jahren zogen wir aus der Analyse unseres außenpolitischen Umfelds immer wieder den Schluß, die Schweiz um des inneren Friedens willen aus den Querelen zwischen den Großen Europas heraushalten zu müssen; eine Politik, die sich für uns auch in diesem Jahrhundert zweimal als richtig erwies und sich ebenfalls im Europa der Nachkriegszeit bewährte. Die Ereignisse Ende der achtziger, Anfang der neunziger Jahre, die für das Europa des 20. Jahrhunderts wohl ebenso revolutionär sind wie jene von 1848 für das 19., haben ein völlig verändertes Europa hinterlassen. Sie markierten das Ende der Weltordnung, die in Jalta und in Potsdam entworfen worden war. Für die Schweiz könnten sie einen der entscheidendsten Paradigmenwechsel ihrer Geschichte bedeuten. Nurmehr wenige sehen heute für Europas Zukunft einen gänzlich anderen Weg als den von den Vätern der europäischen Integration vor nahezu fünfzig Jahren eingeschlagenen. Wer heute von Integration spricht, meint die Europäische Union. Kein Wunder also, daß, egal wie wir unsere Position in diesem Prozeß definieren, Überlegungen dazu sich zwingend auf diese Gemeinschaft und ihre Zukunft beziehen. Dennoch möchte ich nachfolgende Ausführungen keinesfalls als Ratschlag, sondern bloß als ›lautes Nachdenken eines Schweizers‹ verstanden wissen.

1989 und die Folgen

Als 1989 die Mauer ins Wanken kam und schließlich fiel, da war allenthalben große Freude in und um Europa. Es bot sich ihm erstmals nach vierzig Jahren die Gelegenheit, die Statistenrolle, in die es sich seit Ende des Krieges versetzt sah, abzuwerfen und wieder als Akteur des Weltgeschehens aufzutreten. Alle merkten wir, daß etwas Großes in Bewegung gekommen war. Wir waren Zeugen eines Epochenbruchs, einer wirklichen geschichtlichen Zäsur geworden. Diese Freude ist in der Zwischenzeit durch unsägliches menschliches Leid getrübt worden, und auch der Wandel im Osten läßt sich weit schwieriger an, als wir das in der ersten Euphorie glauben wollten. Trotzdem stehen wir am Anfang eines neuen Europa.

Die Welt der Nachkriegszeit war von zwei klar umrissenen Modellen gesellschaftlicher Organisation geprägt. Auf der einen Seite Markt und Demokratie, auf der anderen Totalitarismus und Wirtschaft nach Plan. Beide standen sie zueinander in unversöhnlichem Gegensatz, nutzbringende gegenseitige Befruchtung war unmöglich. Diese nach einfachem Muster geordnete Welt ist nicht mehr, das Sowjetimperium mittlerweile Geschichte, die deutsche Wiedervereinigung ins Werk gesetzt. Das ist Grund zur Freude. Und doch, die Wende hat auch ihre »unangenehmen« Seiten, vorab die, daß vieles, was während Jahrzehnten verläßliche Leitlinie des Handelns war, seine Richtigkeit eingebüßt hat. Gerade wir Schweizer haben letzteres gründlich zu spüren bekommen. Noch aber glauben hierzulande nicht alle an die Unumkehrbarkeit dieser Entwicklung.

Die schweizerische Europapolitik war seit den frühen sechziger Jahren auf punktuelle, pragmatische Integration unseres Landes angelegt. Erst als Mitte der achtziger Jahre die Gemeinschaft sich anschickte, ihr Binnenmarktprojekt zu verwirklichen, und die Verantwortlichen von EG und EFTA übereinkamen, einen dynamischen Europäischen Wirtschaftsraum zu schaffen, erhielt unsere Europapolitik eine globalere, strukturiertere Ausrichtung. Ein solcher Wirtschaftsraum hätte uns, ohne Pflicht zur umfassenden Eingliederung in die Gemeinschaft, den Zutritt zum Binnenmarkt gewährt. Als sich gegen Ende der letzten Dekade abzuzeichnen begann, daß sich die kommunistischen Regime jenseits von Oder und Neiße nicht mehr lange würden halten können, erfuhr die Prioritätenordnung der EG eine einschneidende Änderung. Sie sah sich nun mit dem möglichen Szenario konfrontiert, nach einem Zusammenbruch des Sowjetsystems in absehbarer Zukunft mit Aufnahmegesuchen von überall her aus dem Großraum Europa überhäuft zu werden. Zudem galt es, im Hinblick auf eine solche Entwicklung das Gleichgewicht zwischen den europäischen Mächten der Mitte auch für die Zukunft abzusichern. Der eigenen Vertiefung gebührte von nun an der Vorrang. Angesichts dieser Herausforderung sah man auch keine Möglichkeit mehr, den EFTA-Staaten einen Assoziationsvertrag anzubieten, der ihnen die gleichberechtigte Mitwirkung eingeräumt hätte. Zu groß schien das Risiko, die Vertiefung könnte dadurch unliebsame Verzögerungen erfahren. Damit war die Satellisierungsgefahr für die EFTA-Staaten mit einemmal wieder ein Thema, und sie mußten schließlich erkennen, daß gleichberechtigte Mitbestimmung nur noch als EG-Mitgliedstaat erhältlich war. Diese Einsicht und die Tatsache, daß mit dem Zusammenbruch im Osten einige der Vorbehalte gegen eine EG-Mitgliedschaft gegenstandslos geworden waren, bewog nacheinander Österreich, Schweden, Finnland, die Schweiz und Norwegen dazu, die Gemeinschaft um Aufnahme von Beitrittsverhandlungen zu ersuchen.

Wenngleich während vierzig Jahren herbeigewünscht, war Westeuropa auf die Wende schlecht vorbereitet. Die Verantwortlichen der Gemeinschaft erkannten allerdings schnell, daß hier große Aufgaben auf sie zukommen würden, denen sie sich nicht würden verschließen können. Mit dem Ergebnis der Vertiefungsbemühungen, dem Maastrichter Unionsvertrag, glaubten sie, einen wichtigen

Schritt zur Vorbereitung der Gemeinschaft auf ihre Zukunft getan zu haben. Der Widerstand, der dem Vorschlag in der Folge erwuchs, kam daher für viele unerwartet. Zwar waren schon seit geraumer Zeit Forderungen nach mehr Transparenz, Bürgernähe und Demokratie laut geworden. Dem meinten sie jedoch fürs erste mit der Verankerung des Subsidiaritätsprinzips Rechnung getragen zu haben. Weitere Demokratisierungsschritte sollten während der 96er Revisionskonferenz zur Debatte stehen. Von den Völkern Europas, die sich laut Vertrag zu einer immer engeren Union zusammenschließen sollten, waren nicht alle willens, den verbundenen neuerlichen Souveränitätstransfer hinzunehmen, zumal jetzt nicht mehr nur die Vergemeinschaftung weiterer wirtschaftlicher Belange anstand, sondern auch von Teilen, die zum Kerngehalt eines souveränen Staates zählen. Der Integrationsprozeß scheint an einem kritischen Punkt angelangt zu sein, der bei verschiedenen Gemeinschaftsbürgern ein »Bis-hier-und-nicht-Weiter« provoziert. Nicht daß die Bürger, die sich zu Maastricht äußern konnten, präzis gewußt hätten, welche Politikbereiche in eine gemeinschaftliche Regelungskompetenz übergehen sollten – es war mehr eine Art »ungutes« Gefühl, ein diffuses Mißtrauen, sie würden ihrer Einflußmöglichkeiten beraubt, das sie dazu bewog, nein zu sagen.

Die Frage nach dem Ordnungsmodell

Welches Ordnungsmodell soll sich die Gemeinschaft für ihre weitere Entwicklung zum Vorbild nehmen? Diese Frage stellt sich um so intensiver, je mehr ihre innere Verdichtung voranschreitet. Das entsprechende Meinungsspektrum deckt nahezu die gesamte Palette der möglichen Zielvorstellungen bezüglich des Integrationsprozesses ab und reicht von der Vorstellung von den Vereinigten Staaten von Europa bis hin zum lockeren Staatenbund, in dem die Mitglieder auf der Grundlage eines gemeinsamen Marktes in variabler Zusammensetzung Aufgaben aus verschiedenen Politikbereichen angehen. Es ist der Gemeinschaft – und auch der Schweiz – zu wünschen, daß die kommende Debatte in möglichst großer Offenheit geführt werden kann, denn nur mittels einer transparent geführten Auseinandersetzung wird das verbreitete Unbehagen ausgeräumt werden können. Die Diskussion über das beim Aufbau Europas letztlich anzustrebende Ziel müßte deshalb in aller Breite und unter Beteiligung möglichst vieler geführt werden. Dies erlaubte es den mit dem europäischen Einigungswerk Befaßten, die künftigen Weichenstellungen für eine europäische Gesamtordnung in Kenntnis der Haltung ihrer Völker vorzunehmen. Denn eines haben die Referenden zu Maastricht in Dänemark und Frankreich sowie die Abstimmung zum EWR-Abkommen in der Schweiz gezeigt: In Sachen Europa folgen die Bürger den Empfehlungen ihrer Regierungen nicht mehr unbesehen. Es ist an der Zeit aufzuhören, das hastige Vorgehen in Sachen Europa mit dem Bild vom Fahrrad zu rechtfertigen, das umfalle, wenn es zum Stillstand komme. Solche Metaphern sind wohl eingängig, dienen indes oft dazu, unter Verschleierung der Realität bestimmte Ideen akzeptabel zu machen. Wer sagt denn, daß auf diesem Fahrrad nicht auch jemand sitzt, der es lenkt und der sehr wohl auch einmal innehalten kann, um sich Gedanken darüber zu machen, wohin die Reise eigentlich gehen soll?!

Ein europäischer Bundesstaat?

Der Europagedanke ist nicht eine Idee unserer Zeit. Eine Reihe von Plänen entstanden schon im 17. und 18. Jahrhundert, besonders in England und Frankreich. So kursierte unter Philosophen schon damals die Idee, angesichts des von Kriegen verbreiteten Leids Europa in einer Union mit alternierender Zentralregierung, Friedensgericht und gemeinsamer Armee zusammenzufassen. All diesen Plänen, auch jenen aus unserer Zeit, ist eines gemeinsam: die Sehnsucht nach Frieden. Das gilt auch für Churchills Idee, »so etwas wie die Vereinigten Staaten von Europa« zu schaffen, die im Anblick der Trümmer des Zweiten Weltkrieges entstanden ist.

Die von ihm gewählte Formulierung freilich legt nahe, daß er das Ordnungsmodell Bundesstaat nur bedingt als ein taugliches Vorbild für Europa betrachtete. Anders freilich sehen es die europäischen Föderalisten, denen der Bundesstaat als Kulmination des europäischen Einigungswerks gilt. Mit seiner Verwirklichung wollen sie ein

Zweifaches erreichen. Einmal ist er ihnen Mittel, den Nationalstaat, den sie als Ursache der traurigen Geschichte des Europas unseres Jahrhunderts sehen, aus den Angeln zu heben. Ferner hegen sie die Hoffnung, einem solcherart geeinten Europa den ihm gebührenden Platz in der Welt zu verschaffen. Bei ihren Überlegungen zum letztlich zu erreichenden Zustand orientieren sie sich oftmals an den USA und noch öfter an der Schweiz. Gerade letztere gilt ihnen auf dem Weg der Gemeinschaft zur Staatswerdung als besonders nachahmenswert. Wir Schweizer fühlen uns jeweils geehrt und mit Stolz erfüllt, wenn wir solches hören; trotzdem betrachten hierzulande nur wenige dieses Modell für die Einigung des heutigen Europa als realistisch. Den föderalen Zusammenschluß der Nationalstaaten in einem Bundesstaat sehen die Verfechter dieses Ziels als Bruch Europas mit seiner kriegerischen Vergangenheit. Wer so denkt, setzt Nationalstaat mit Nationalismus gleich. Letzterer ist jedoch nichts anderes als ein primitives Nationalbewußtsein, das Macht und Größe der eigenen Nation als höchsten Wert betrachtet. Mit dem Nationalstaat hat er im Grunde nichts gemein.

Die ein Aufgehen der europäischen Staaten in der europäischen Einheit fordern, sind die, denen vor dem Hintergrund der Schicksalsgemeinschaft »Erde« der Nationalstaat als etwas Antiquiertes gilt. Die Völker Europas jedoch brauchen ihre Geschichte und ihre Mythen. Der Nationalstaat ist Teil davon. Wer anläßlich von Krisenlagen davon spricht, es gelte die europäische Identität zu erhalten, betreibt Rhetorik und unterschlägt die trennenden Elemente. Gewiß, wir Europäer besitzen ein gemeinsames Erbe: unsere Vorstellungen von der gerechten, freiheitlichen Gesellschaft, die auf Rechtsgleichheit, Demokratieprinzip, Rechts- und Sozialstaatlichkeit sowie der Unantastbarkeit des einzelnen und der Garantie der bürgerlichen Freiheiten beruht. Trotz ihrer Großartigkeit vermitteln diese Werte dem Individuum aber nicht jenes »Wir-Gefühl«, das Grundlage einer gemeinsamen geistigen Erfahrung sein könnte. Der Blick nach Osten sollte uns im übrigen vor Augen führen, welche Sprengkraft der Wunsch nach Eigenständigkeit, Zusammenleben mit seinesgleichen sowie alten Feindschaften auch nach Jahrzehnten noch innehat. Geringschätzung oder Verharmlosung solcher Gefühle und Aversionen wäre fehl am Platz. Ich wage die Behauptung, die großartige Errungenschaft des Friedens in Europa läßt sich nur erhalten, wenn den Menschen ihr selbständiges Staatswesen, das allermeistens keine Kunstschöpfung ist, als Quelle der Identifikation belassen wird. Nur wenn wir an der Erhaltung der Vielfalt in Europa arbeiten, deren Ausdruck gerade die Nationalstaaten mit ihren sehr unterschiedlichen Organisationsformen des Zusammenlebens sind, erreichen wir die größtmögliche Freiheit für den einzelnen. Zu dieser Freiheit gehört, daß er sich einem handlungsfähigen Ganzen zugehörig fühlen darf. Ein solches Ganzes ist Europa (noch) nicht. Es bedeutete daher einen subjektiven Freiheitsverlust, wenn sein Staatswesen der selbständigen und selbstverantwortlichen Handlungsfähigkeit beraubt würde. Und: Um einen Bundesstaat Europa zu legitimieren, bedürfte es der Zustimmung eines europäischen Volkes. Ein solches ist indes nirgends in Sicht.

Was machte denn die Wünschbarkeit eines Bundesstaates Europa aus? Worin läge der Gewinn? Man stelle sich die Kompliziertheit des Gebildes vor, dem die sich selbst legitimierende Staatsmacht über 370 Millionen, bald einmal vielleicht 450 Millionen Menschen übertragen wäre. Ein solches Gebilde stünde außerhalb der europäischen Tradition. Und wer garantierte, daß dieser Superstaat nicht letztlich in dasselbe Fahrwasser geriete wie früher die Nationalstaaten? Nationalismus auf einer anderen Ebene? Ist vielleicht im Grunde gerade eine europäische Großmacht das Ziel? Es gibt Menschen in Europa, die wünschen sich, die Wende wäre später gekommen. Andere hingegen sind der Ansicht, sie sei gerade noch rechtzeitig eingetroffen, um eine Weiterentwicklung in eine falsche Richtung zu verhindern. In der Tat scheint denn auch angesichts der großen Zahl von neuen Staaten in Europa, denen sich die Gemeinschaft nicht wird verweigern wollen, das Bundesstaatsmodell als Vorbild für den Fortgang des Integrationsprozesses unrealistisch. Uns Schweizern jedenfalls ist die Vorstellung einer Großmacht Europa nicht eben sympathisch. Wir haben uns mit unserer Kleinstaatlichkeit längst abgefunden und leben gut damit. Ein europäisches Sendungsbewußtsein geht uns ab. All das darf freilich nicht heißen, der Nationalstaat sei sakrosankt. In dem Maße, wie er Aufgaben nicht mehr zufriedenstellend aus alleiniger Kraft bewältigen kann, muß seine Alleinzuständigkeit eine Relativierung erfahren. Das bedingt aber keinen Superstaat. Dafür gibt es andere Möglicheiten der Kooperation. Gerade die Europäische Union hat, der Not gehorchend, hierfür ein hervorragendes Konzept entwickelt.

Supranationalität als eigenständiges Konzept

Niemand in Europa stellt die Europäische Union in Frage, im Gegenteil, ihre Notwendigkeit ist unumstrittener denn je. Ihre Geschichte gilt allgemein als Success story, und speziell als Wirtschafts- und Rechtsgemeinschaft hat sie bislang ausnahmslos allen Mitgliedstaaten hervorragend gedient. Für die grundsätzliche Richtigkeit des Integrationsmodells der Gemeinschaft spricht auch die Beliebtheit, der sie sich heute erfreut. Kaum ein europäischer Staat, der sich nicht mit dem Gedanken trüge, ihr dereinst beizutreten. Was aber macht ihre Attraktivität eigentlich aus? Zum einen sind es ihr Markt und ihr weltpolitisches Gewicht, zum anderen ihr in der Welt einzigartiges politisches und rechtliches System, das den Eigenarten Europas und dessen Vielfalt auf den Leib geschnitten ist. Wem der Binnenmarkt offensteht, der hat Zugang zu beinahe 370 Millionen Konsumenten, und in nicht allzu weiter Ferne könnten es noch bedeutend mehr sein. Eine Gemeinschaft, die einen solchen Markt vertritt, hat automatisch weltpolitische Statur. Dies erlaubt es ihr, ihren Interessen international das nötige Gewicht zu verleihen, und das wiederum macht es zusätzlich anziehend, ihr anzugehören. Beides ist aber »nur« die Folge ihres ingeniösen Konzepts, mit dem es gelang, ohne die Macht in einem Punkt zu konzentrieren, über den Nationalstaaten, die die Gemeinschaft bilden, ein neuartiges korporatives Ordnungssystem zu bilden.

Jeder Staat dieser Welt ist heute »überstaatlich bedingt« (Werner von Simson). Eine Vielzahl öffentlicher Aufgaben läßt sich nur noch in einem das Nationalstaatliche sprengenden Rahmen zufriedenstellend lösen. Den Gründerstaaten ist die Schaffung eines Systems geglückt, das den Erfordernissen solcher »supranationaler« Kooperation hervorragend gerecht wird. Es basiert wie die herkömmliche internationale Zusammenarbeit auf dem Nationalstaat als selbständig handlungsfähigem Völkerrechtssubjekt, bindet diesen aber in ein Regelwerk ein, das nicht nur ihn selbst in Pflicht nimmt, sondern durch seinen Mantel hindurch bis auf die Ebene des einzelnen hinunter Rechte und Pflichten schafft. Supranationalität geht somit weiter als die traditionellen völkerrechtlichen Zusammenarbeitsformen, setzt aber wie diese den Nationalstaat voraus und unterscheidet sich insofern von bundesstaatlichen Verhältnissen, wo die sich zusammenschließenden Staaten unter weitgehender Preisgabe ihrer Eigenstaatlichkeit und damit ihrer völkerrechtlichen Handlungsfähigkeit in einem größeren Verbund aufgehen. Supranationalität beschreibt mithin ein vorbundesstaatliches Zusammenarbeitsverhältnis unter Staaten. Die Gründerstaaten entschieden sich damals nicht ganz freiwillig für dieses Ordnungsprinzip. Erst als sich die ersten Pläne der europäischen Einigung zerschlagen hatten, begannen sie auf den Weg der sektoralen Teilintegration zu setzen, in der Hoffnung, diese werde dank der dadurch geschaffenen sozioökonomischen Sachzwänge gleichsam automatisch in eine bundesstaatliche Verbindung umschlagen. Weder die Regierungen noch die Gemeinschaftsbürger scheinen jedoch derzeit gewillt, dieses automatische Umschlagen geschehen zu lassen.

Daß es weitergehen muß, daran kann angesichts der kommenden Herausforderungen kein Zweifel bestehen. Die Verantwortlichen werden sich allerdings in Zukunft weniger an Visionen als vornehmlich am Problemlösungsbedarf orientieren. Die Integration, die für den einzelnen und sein Gemeinwesen immer wieder mit zum Teil einschneidenden Konsequenzen verbunden ist, findet ihre Rechtfertigung nur, wenn sie konkrete Bedürfnisse befriedigt. Die Sicherung des Friedens in Europa, die harmonische Entwicklung des Wirtschaftslebens und die Hebung der Lebenshaltung für alle sind solche Bedürfnisse, und sie sind heute so wichtig wie einst. Europa wird künftig in vermehrtem Maß Probleme, die in seinem Einflußbereich anfallen, selber lösen müssen und wollen. Um nach innen und außen glaubwürdig zu sein, bedarf die Zwölfergemeinschaft deshalb der Problemlösungskompetenz auch in neuen Bereichen. Zu Recht stipuliert daher der Unionsvertrag einen, allerdings nicht supranationalen, Rahmen für eine gemeinsame Außen- und Sicherheitspolitik der Mitgliedstaaten, und ebenso folgerichtig sind die aktuellen Bemühungen der Zwölf, sich die Mittel zu verschaffen, die zur Führung einer gemeinsamen Außen- und Sicherheitspolitik, die diesen Namen verdient, gebraucht werden. Bei all dem muß jedoch sichergestellt werden, daß auf Gemeinschaftsebene nur Maßnahmen getroffen werden, für deren angestrebte Wirksamkeit das überstaatliche Ausgreifen erforderlich ist. Die Beurteilung der notwendigen Reichweite von Maßnahmen wird nach Maßgabe des Subsidiaritätsprinzips zu bestimmen sein.

Das allein wird aber kaum genügen, das Vertrauen der Bürger der Mitgliedstaaten wiederzugewinnen. Der Ruf nach mehr Transparenz, Bürgernähe, demokratischen Institutionen, Subsidiarität, Autonomie, Regionalismus, Dezentralisation, all das ist Ausdruck ein und desselben: der Angst vor Fremdbestimmung. Auch sind diese Forderungen ein deutliches Zeichen dafür, daß auch die supranational organisierte Gemeinschaft von heute der Weisheit letzter Schluß nicht ist, sondern durchaus Reformbedarf kennt. Seit einiger Zeit werden deshalb Möglichkeiten einer Stärkung der demokratischen Elemente in der Gemeinschaft diskutiert. Gewisse Mitgliedstaaten wären durchaus für eine Kompetenzerweiterung des Europäischen Parlaments zu haben. Andere dagegen befürchten, gerade dadurch an Einfluß auf das Gemeinschaftsgeschehen zu verlieren. Wieder andere ziehen den Sinn einer Kompetenzausweitung zugunsten des Europäischen Parlaments insgesamt in Zweifel. Ihrer Meinung nach verspricht dies wenig, weil sich damit weder die Beteiligungsmöglichkeiten des einzelnen noch dessen Aussicht, wirklich vertreten zu werden, verbesserten. Eher sehen sie die Lösung des Problems in der Schaffung eines zweiten parlamentarischen Forums, das sie »Kammer der Parlamentarier« nennen. Was das Europäische Parlament betrifft, so müßte es ihrer Meinung nach genügen, dieses zu befähigen, dem Überschießen des Integrationsprozesses entgegenzutreten. Guter Rat scheint teuer. Angesichts von Politikverdruß, Wahlmüdigkeit und zunehmender Austauschbarkeit von Programmen und Personen in der Politik wäre wohl einer Lösung, die den Einbezug des Bürgers förderte, der Vorzug zu geben.

Subsidiarität, ein zukunftsweisendes Prinzip

Für einen Schweizer ist die Subsidiarität untrennbar mit dem Föderalismus verbunden. Unter letzterem verstehen wir nicht ein formales Prinzip, dem Genüge getan ist, sobald ein Staatswesen bundesstaatlich konzipiert ist, sondern den Willen, Eigenständigkeit und Handlungsfähigkeit von Kantonen und Gemeinden als autonome Glieder des Bundes zu erhalten und zu fördern. Dabei ist uns gerade das Element der Förderung besonders wichtig. Einen latenten Kleinkrieg, in dem die eine Ebene der anderen Kompetenzen abzujagen versucht, kennen wir nicht. Unser Föderalismusverständnis ist folglich genau das Gegenteil von dem, was Menschen aus dem angelsächsischen Rechtskreis, die in dieser Frage in der Tradition der amerikanischen Verfassungsgeschichte stehen, mit diesem Begriff verbinden. Dort sind mit den Föderalisten jene gemeint, die für den amerikanischen Bundesstaat kämpften. Föderalismus ist für sie also bedeutungsgleich mit Zentralismus und demzufolge ein Greuel. Nicht so in der Schweiz. Hier sind Föderalismus und Subsidiarität Ausdruck eines Abwehrreflexes gegenüber der bundesstaatlichen Ebene. Den prägnantesten Niederschlag hat diese Grundhaltung in der Verfassungsregel gefunden, wonach die Kantone alle Rechte ausüben, die nicht explizit der Bundesgewalt übertragen sind. Stillschweigende Zuständigkeiten des Bundes gibt es nicht, und neue Aufgaben fallen automatisch in die Kompetenz der Kantone. Eine Kompetenzübertragung an den Bund verlangt eine Verfassungsänderung, die von Volk und Kantonen gutgeheißen werden muß. Die Überzeugung von der Richtigkeit der föderalistischen Ordnung ist tief in der schweizerischen Seele verwurzelt und gewichtiger Teil unseres Selbstverständnisses. Wohl gibt es auch hierzulande kritische Stimmen in der Föderalismusdebatte; diese richten sich aber in der Regel gegen dessen praktische Handhabung in der schweizerischen Verfassungswirklichkeit und kaum je gegen das Prinzip als solches. Föderalismus und Subsidiarität stehen im Verhältnis von Prinzip und Methode. Letztere ist Anleitung zur Verwirklichung des ersteren. Aus dieser engen Verknüpfung erklärt sich auch die Unumstrittenheit der Subsidiaritätsregel in der Schweiz.

Das Prinzip der Subsidiarität hat seine Verankerung im Unionsvertrag von Maastricht gefunden. Was nun ansteht, ist, den Begriff mit Leben zu erfüllen. Es ist auch bereits viel Tinte auf die begriffliche Konkretisierung verwendet worden, so viel, daß zeitweise der Eindruck entstehen konnte, es gelte mittels rechtzeitiger Publikation des eigenen Standpunkts, die künftige Interpretation in eine dem Autor genehme Richtung zu lenken. Diese Tatsache ist Beweis für die Unbestimmtheit des Begriffes in der Gemeinschaft und wohl auch der Grund, weshalb man sich in Maastricht auf ihn geeinigt hat. Die einen verstehen ihn als Waffe, um der schleichenden Zentralisierung Einhalt zu gebieten, während andere ihn mit dem Föderalismus in Verbindung bringen und in ihm lediglich ein Instrument zur Bestimmung der zur Lösung einer Aufgabe adäquaten Ebene sehen. Kleinere EG-Staaten, so hat die bisherige Debatte gezeigt, neigen dazu, im Subsidiaritätsprinzip eher Gefahren als Nutzen zu sehen, weil sie befürchten, die Großen könnten sie dazu verwenden, die Gemeinschaftsinstitutionen zu untergraben. Wenn auch jeder die Subsidiarität durch seine Interessenbrille betrachtet, so sind sich doch wenigstens alle darüber einig, daß es sich dabei um ein Instrument zur formalen Abgrenzung von sachlichen Zuständigkeiten handelt. So gesehen, besteht denn auch Korrelation zwischen Subsidiarität und Supranationalität; erstere dient der Festlegung dessen, was supranational und was mitgliedstaatlich zu organisieren ist.

Der Begriff, der sich auf Thomas von Aquin und Dante zurückführen läßt, gehört zu den tragenden Grundwerten der katholischen Soziallehre. Er besagt, die größere Gemeinschaft solle nur dann tätig werden, wenn sich der einzelne oder die kleinere Gemeinschaft nicht selbst weiterhelfen kann. Der einzelne soll gegenüber der Gemeinschaft und die kleinere Gemeinschaft gegenüber der größeren Vorrang genießen. Laut Maastrichter Vertrag soll die Gemeinschaft nur tätig werden, sofern und soweit die Ziele der in Betracht gezogenen Maßnahmen auf der Ebene der Mitgliedstaaten nicht ausreichend erreicht werden und daher wegen ihres Umfangs oder ihrer Wirkungen besser auf Gemeinschaftsebene erreicht werden können. Das sieht auf den ersten Blick zwar recht konkret aus. Schon beim zweiten Hinsehen wird aber klar, daß bei dieser Definition noch so einiges unbestimmt ist – ein typischer Formelkompromiß. Das kann bei einem politischen Begriff wie diesem gar nicht anders sein. Auf dem Reißbrett der Gesetzgebung jedenfalls läßt sich sein Inhalt nicht abschließend festlegen, denn letztlich geht es um Macht und Einfluß. Es wird daher Sache der Politik sein, Wendungen wie »nicht ausreichend erreicht« oder »wegen ihres Umfangs oder ihrer Wirkung besser auf Gemeinschaftsebene« auszudeutschen. Dabei können Auslegungsleitlinien der Art, wie sie die Kommission der EG vorgelegt hat, durchaus behilflich sein. Die konkrete Handhabung in der Gemeinschaftswirklichkeit wird aber wesentlich von der tatsächlichen Bereitschaft abhängen, dem Geist des Prinzips, wonach der einzelne und das kleine Gemeinwesen soweit wie möglich ihr Schicksal selber sollen bestimmen können, zum Durchbruch zu verhelfen.

Eine weitere Frage ist, inwieweit bei der Bestimmung der geeigneten Handlungsebene die Effizienz ein Kriterium sein soll. Effizienz ist ein relativer Begriff und somit stark von der subjektiven Einschätzung des Beurteilenden abhängig. Sie ist vor allem dann ein zweifelhaftes Maß, wenn ein weltanschaulich oder glaubensmäßig besetztes Thema zur Debatte steht – oder etwas, bei dem die Menschen mentalitätsbedingt zu divergierenden Lösungen neigen. In einem solchen Fall allein der Effizienz wegen einer einheitlichen Lösung das Wort zu reden, wäre namentlich unter minderheitspolitischen Aspekten heikel. Nicht jede Lösung, die für ein Volk richtig ist, ist es auch für ein anderes. Der Föderalismus, so wie wir Schweizer ihn verstehen, will, daß das einzelne Gemeinwesen in den ihm zur Selbstverwaltung überlassenen Bereichen die ihm gemäßen Lösungen verwirklichen kann. Würden Aufgaben allein nach Effizienzkriterien der höheren Einheit zugeordnet, käme es oft zwangsläufig zu blockierenden Konflikten. Ein Beispiel: Wie überall ist auch in der Schweiz die Frage, wie der Staat auf Drogenkonsum und Drogenkriminalität zu reagieren hat, kontrovers. Dabei folgt die Trennlinie nicht allein weltanschaulichen Grenzen, sondern bis zu einem gewissen Grad auch den innerschweizerischen Kulturgrenzen. Eine einheitliche Lösung wäre daher auf gesamtschweizerischer Ebene im jetzigen Zeitpunkt kaum zu erreichen, die Lösungssuche daher blockiert. Da jedoch Polizeiangelegenheiten grundsätzlich Sache der Kantone sind, ist es diesen und ihren Gemeinden möglich, nach Lösungen zu suchen, die mit ihrer Sicht des Problems vereinbar sind. Zwar ist gerade das Drogenproblem von einer Dimension, die den nationalen Rahmen deutlich übersteigt, weshalb Lösungen letztlich auf höherer Ebene gefunden werden müssen. Dennoch wird mit dem Zulassen lokaler Lösungsansätze ein Doppeltes erreicht: Weder muß eine Minderheit sich mit Maßnahmen abfinden, die gegen ihre Überzeugung verstoßen, noch wird der Bund gezwungen, in einer delikaten Angelegenheit die Lösung der Mehrheit durchzuboxen.

Daneben hat Subsidiarität den weiteren positiven Effekt, daß sie, weil sie das Experimentieren mit Lösungen zuläßt, den Wettbewerb unter den Systemen fördert. Auf der oberen Ebene wird sich diejenige Lösung durchsetzen, die im Wettbewerb auf der unteren obenausschwingt. Besonders positiv daran ist das Fehlen von Zwang. Lösungen werden nicht durch Beschluß von oben oktroyiert; sie werden aufgrund ihres überzeugenden Resultats übernommen. Sobald eine Mehrzahl von Gliedern der unteren Ebene einem Beispiel gefolgt ist, kann an eine einheitliche Lösung gedacht werden. Je politisch heikler die betreffende Frage aber ist, desto subtiler ist beim Erlaß der einheitlichen Lösung zu verfahren. Subsidiarität ist ein freiheitliches Konzept, das in kulturell heterogenen Gemeinschaften die Suche nach praktikablen Lösungen erleichtert. Es verlangt aber Geduld.

Und die Schweiz, wo bleibt sie?

Folgte die Geschichte der Schweiz einer Pendelbewegung, könnte diese in bezug auf Europa Ende der achtziger Jahre ihren Ruhepunkt, von dem aus die Rückwärtsbewegung begänne, erreicht haben. Unsere Geschichte ist eine Geschichte der gewollten Abgrenzung, der Trennung. Für die verschiedenen in der Eidgenossenschaft zusammengeschlossenen Republiken war es während eines halben Jahrtausends ein Gebot des innen- und außenpolitischen Eigeninteresses, für niemanden in Europa Partei zu nehmen. Mit diesem

Vorgehen gelang es ihnen, unbehelligt von den Auseinandersetzungen unter den europäischen Mächten, in weitgehender Unabhängigkeit ihr politisches Schicksal zu bestimmen. Es ist daher nicht falsch, wenn gesagt wird, die gemeineidgenössische Überzeugung von der Richtigkeit dieser Politik und der Eignung ihres Instruments, der Neutralität, sei eines der wesentlichen Kohäsionselemente des schweizerischen Bundesstaates. Seit jeher ist aber auch klar, daß diese Politik ihre Berechtigung nur findet, soweit und solange sie unseren Interessen dient. Außenpolitik ist Interessenpolitik. Ändern sich ihre Parameter, muß auch sie sich ändern. Diese Erkenntnis war es auch, die die Väter unserer Verfassung bewog, die Neutralität nicht festzuschreiben. Bis vor wenigen Jahren verfolgte unsere Europapolitik das Ziel, nach Wegen der Zusammenarbeit zu suchen, die nicht zu einer Vollintegration des Landes führten. 1989 und die Nachfolgeereignisse haben in bezug auf die Grundlagen in verschiedener Hinsicht einschneidende Änderungen gebracht, denen unsere Außenpolitik Rechnung zu tragen hat. Verschiedene der Hinderungsgründe, derentwegen für uns eine weitergehende Teilnahme am europäischen Einigungswerk nicht tunlich war, sind entweder zur Gänze entfallen oder haben mindestens an Gewicht eingebüßt. Andererseits ist die Exportnation Schweiz mehr und mehr gezwungen, sich nach Recht zu richten, auf dessen Entstehung sie keinen Einfluß hatte. Die Neuausrichtung der schweizerischen Außenpolitik ist aber, speziell dann, wenn es um die Festlegung der großen Linien geht, nicht allein Sache der politischen Eliten, sondern Gegenstand der gesamtgesellschaftlichen Meinungsbildung. Motiv für eine Annäherung an die Gemeinschaft ist im Falle der Schweiz weder ein Interesse an der Einbindung anderer noch ein jedermann auf den ersten Blick ersichtliches volkswirtschaftliches Interesse. Sie kommt nur zustande, wenn eine gesamtgesellschaftliche Überzeugung von der Richtigkeit sowohl einer Abkehr von der bisherigen Politik als auch des Integrationsprozesses gegeben ist. Wir Schweizer müssen mit anderen Worten zu dem Schluß gelangen, daß dieser Schritt im Landesinteresse geboten ist. Der Bundesrat hatte gehofft, mit dem Abkommen über den Europäischen Wirtschaftsraum ein konsensfähiges Instrument einer ersten, vornehmlich wirtschaftlichen Annäherung anbieten zu können, das der Schweiz zugleich das Sammeln von Erfahrungen auf dem europäischen Parkett ermöglicht hätte. Gleichzeitig schien es ihm wünschenswert, durch ein Gesuch um Aufnahme von Verhandlungen über den Beitritt zur EG den weiteren möglichen Weg aufzuzeigen. Volk und Stände beschlossen sodann, den Weg des EWR vorerst nicht zu beschreiten. Die Gründe dafür sind mannigfaltig. Von großem Gewicht war besonders die Befürchtung, unsere Art der direktdemokratischen Entscheidungsfindung werde aufgrund einer EWR-Mitgliedschaft in unzulässiger Weise geschmälert. Ferner war vielen Landsleuten die gleichberechtigte Mitentscheidung bei der Entwicklung dieses Wirtschaftsraums nicht genügend abgesichert.

Auf kurze Sicht wird daher die Schweiz in Sachen Integration weiterhin dem pragmatischen Ansatz folgen, dessen erstes Ziel es ist, im Verhältnis Schweiz–EU weitere auf Gegenseitigkeit beruhende Liberalisierungen zu erzielen. Die mittelfristige Strategie dagegen zielt auf umfassende Teilhabe am europäischen Einigungswerk ab. Der von der Gemeinschaft eingeschlagene Weg ist nicht mehr, wie zu Beginn, einer von verschiedenen möglichen, sondern der Weg der Integration. Seine Auswirkungen auf den wirtschaftlichen, rechtlichen und politischen Alltag in der Schweiz nehmen stetig zu. Die Schweiz könnte zudem ihre einzigartigen Erfahrungen bei der Organisation eines kulturell, sprachlich und konfessionell vielgestalteten Gemeinwesens in den Prozeß hineintragen, Erfahrungen, die mutatis mutandis in der Gemeinschaft nutzvoll umgesetzt werden könnten. Beides, das zunehmende Maß der Abstrahlung der Integration auf unser Land und der Wille, unsere in der Schweiz getroffenen Lösungen in der Auseinandersetzung um die Zukunft eines geeinten Europa zur Diskussion zu stellen, wird das Schweizer Volk vom Sinn der Mitgliedschaft in der Gemeinschaft überzeugen. Unsere Mitgliedschaft ist eine Frage des wohlverstandenen Eigeninteresses. Wer glaubt, mittels autonomem Nachvollzug die Unabhängigkeit des Landes zu bewahren, betrügt sich selbst. Die Schweiz ist es sich selber schuldig, auf die Spielregeln, die für ein friedliches, prosperierendes Zusammenleben unter den Völkern Europas entwickelt werden, Einfluß zu nehmen.

EUROPA
NACH DER REVOLUTION

VON DER OSTEUROPÄISCHEN UMORDNUNG ZUR GESAMTEUROPÄISCHEN NEUORDNUNG – KONSEQUENZEN EINER POLITISCHEN METAMORPHOSE

Von Franz Vranitzky,
Bundeskanzler der Republik Österreich

Europa befindet sich in einem ziemlich dramatischen politischen, wirtschaftlichen und gesellschaftlichen Wandlungsprozeß wie selten in seiner Geschichte. Es ist fraglich, ob die Tragweite dieses Prozesses heute auch nur annähernd in vollem Umfang abgeschätzt werden kann.

Das grundsätzlich Neue an dieser Entwicklung ist, daß sie uns alle unmittelbar und gemeinsam betrifft und die einzelnen Länder sich nicht mehr auf gewohnte Sonderstellungen berufen oder auf eine Warteposition zurückziehen können.

Denn die fortschreitende Internationalisierung der Produktion, der Märkte und der Kapitalströme, die immer dichter werdende Vernetzung unserer Verkehrs- und Kommunikationsverbindungen sowie die wachsende Mobilität der Menschen hat uns in vielen Bereichen längst an die Grenzen unserer nationalen Gestaltungsspielräume anlangen lassen.

Dies gilt ganz besonders für ein Land wie Österreich, das schon aufgrund seiner Größe, seiner geographischen Lage und der starken Außenverflechtung seiner Wirtschaft auf internationale Zusammenarbeit angewiesen ist.

Zu diesen geschilderten globalen Entwicklungen, die in ähnlicher Form auch in Nordamerika und Japan zu spüren sind, ist Europa mit einer zusätzlichen enormen Herausforderung konfrontiert. Der Zusammenbruch des Kommunismus, das Ende der über vierzig Jahre dauernden Spaltung des Kontinents hat eine völlig neue politische und strategische Situation entstehen lassen, auf deren Dynamik, aber auch Instabilität niemand vorbereitet war.

Die Wiedervereinigung des Kontinents, seit Kriegsende als politisches Wunschziel beschworen, schien – weitgehend unblutig und fast über Nacht – erreicht. Doch nach einer ersten Zeit der Euphorie wurde man sich in West und Ost bald der großen Schwierigkeiten, der »Mühen der Ebene« bewußt, die mit der neuen Situation verbunden sind.

Der Wegfall der alten Blockgrenzen hat zwar den Weg zu Demokratie und einer offenen Marktwirtschaft in den Reformstaaten geebnet; Erfolg kann die Neuordnung letztlich jedoch nur haben, wenn es gelingt, den Osten des Kontinents in gesamteuropäische Strukturen einzubinden und die Entwicklungsprozesse in Ost und West langfristig zu synchronisieren.

Die Europäische Union ist der Motor aller Integrationsbemühungen. Auch wenn ihre Mitgliedsstaaten zur Zeit mit wirtschaftlichen Rückschlägen zu kämpfen haben, so haben sie doch über die Jahre Wohlstand aufgebaut, den es in der Welt nur an wenigen anderen Plätzen gibt. Unbestritten sind die Zeichen, die zur Sicherung des inneren und äußeren Friedens innerhalb der Europäischen Union gesetzt worden sind. Kriege zwischen den Mitgliedsstaaten sind – im Gegensatz zu früheren Jahrhunderten – ab Ende des Zweiten Weltkrieges undenkbar geworden.

Die Staaten der Europäischen Union haben aus der nun neuen Situation den einzig richtigen Schluß gezogen: Das gesamteuropäische Einigungswerk kann nur gelingen, wenn der Integrationsprozeß im Westen in all seinen Dimensionen konsequent und dynamisch weitergeführt wird. Nur dann wird nämlich der Westen der starke und offene Partner bleiben, der den hohen Erwartungen der Reformstaaten auch tatsächlich gerecht werden kann.

Deshalb hat die Gemeinschaft mit dem Vertrag von Maastricht den Qualitätssprung von einer Wirtschaftsgemeinschaft zu einer umfassenden politischen und wirtschaftlichen Union vollzogen.

Und deshalb hat sie parallel zur inhaltlichen Vertiefung den Prozeß der Erweiterung eingeleitet. Einmal durch die Schaffung des europäischen Wirtschaftsraums, der mit dem 1. Januar 1994 in

Kraft getreten ist, zum zweiten durch die Aufnahme von Österreich, Schweden, Finnland und Norwegen, die per 1. Januar 1995 abgeschlossen sein soll.

In diesem Zusammenhang muß unterstrichen werden: Die Integration hochentwickelter souveräner Industriestaaten ist ein äußerst komplexer und langwieriger Prozeß, der nicht einfach dekretiert werden kann, sondern auf festen Voraussetzungen beruhen muß: der Kompatibilität der politischen, sozialen und rechtlichen Rahmenbedingungen, der Konvergenz der nationalen Volkswirtschaften sowie der Kohärenz der vertretenen politischen Inhalte.

Dies wird durch einen Blick auf die jüngste Entwicklung der europäischen Integration, von der Süderweiterung bis zur Krise des europäischen Währungssystems und die Debatte um die Ratifizierung des Maastrichter Vertrags, mehr als bestätigt.

Während von diesem Blickwinkel aus der Beitritt der hochentwickelten und mit der Europäischen Union bereits eng verflochtenen EFTA-Staaten keine unüberwindbaren Probleme aufwirft, erscheinen die Voraussetzungen für einen Beitritt der osteuropäischen Reformstaaten zweifellos noch nicht gegeben. Zu verschieden sind die realen Ausgangspositionen, zu unterschiedlich ist trotz der bereits erreichten Fortschritte der Entwicklungsstand zwischen Ost und West.

Gerade deshalb muß aber von den westeuropäischen Ländern alles getan werden, um die Zusammenarbeit mit den neuen Demokratien auf allen Ebenen weiter zu vertiefen und sie progressiv am Integrationsprozeß teilhaben zu lassen.

Auch hier hat die Europäische Union bereits den zu gehenden Weg vorgezeichnet: die Reformstaaten durch den Abschluß von schrittweise auszubauenden Kooperations- und Assoziationsverträgen so rasch als möglich an die EU heranzuführen und in ihre Strukturen einzubinden.

Allein jedoch die Aufgabe der Umstrukturierung der Wirtschaft in den neuen Demokratien ist enorm, und die Hilfe, die wir im Westen bisher dafür gegeben haben, ist demgegenüber bescheidenes Stückwerk. Auch wenn die Beiträge einzelner Staaten durchaus respektabel sind, wäre darüber hinaus eine großangelegte gemeinsame Anstrengung der Industriestaaten notwendig. Dabei müßten Prioritäten gesetzt und die Unterstützungsmaßnahmen planerisch aufeinander abgestimmt werden.

Die Chancen für das Zustandekommen einer solchen umfassenden Initiative sind aus verschiedenen Gründen nicht groß. Es wird deshalb realistischerweise ein mehr pragmatisches Herangehen an dieses Problem notwendig sein, wobei den Nachbarstaaten der neuen Demokratien, also Italien, Deutschland und Österreich, sowie den Nordeuropäern – als von den Veränderungen am unmittelbarsten betroffenen westlichen Ländern – eine besondere Rolle zukommt.

Ein vorrangiges Arbeitsgebiet ist in diesem Zusammenhang zweifellos der gesamte Bereich der Infrastrukturen, vom Verkehr über Telekommunikation und Energie bis hin zum Umweltschutz. Mit gezielten und koordinierten Investitionen in diese Infrastruktur könnte die Grundlage für eine dynamische Wirtschaftsentwicklung in den Reformländern gelegt und durch den Ausbau der überregionalen Netze die Integration sowohl innerhalb Osteuropas als auch zwischen Ost und West vorangetrieben werden. Gleichzeitig würde von einem solchen massiven Investitionsprogramm auch ein wichtiger Impuls zur Lösung der wirtschaftlichen Probleme im Westen ausgehen.

Eine weitere wichtige Aufgabe wird es sein, unsere Märkte für die Produkte der Reformstaaten zu öffnen. Denn der Westen wird unglaubwürdig, wenn er den freien Welthandel propagiert, aber gleichzeitig neue protektionistische Mauern errichtet.

Allerdings gilt es, Strategien zu entwickeln, wie gleichzeitig verhindert werden kann, daß unsere eigene industrielle Basis durch die billigen Importe aus dem Osten geschwächt wird.

Zum einen werden die Volkswirtschaften des europäischen Wirtschaftsraums noch mehr als bisher in neue, ressourcensparende Technologien investieren und verstärkt auf innovative und know-how-intensive Produkte umsteigen müssen.

Zum anderen sollte es aber auch möglich sein, analog zu den im Rahmen des NAFTA zwischen den USA und Mexiko getroffenen Vereinbarungen die weitere Öffnung der westlichen Märkte an geeignete ökologische Auflagen und damit Umweltinvestitionsprogramme im Osten zu knüpfen. Damit könnte nicht nur ein Teil des bestehenden Produktionskostenvorteils aufgefangen, sondern auch ein wesentlicher Fortschritt im ökologischen Bereich erreicht werden.

Hier sehe ich Ansatzpunkte für eine völlig neue gesamteuropäische Industrie- und Strukturpolitik, die wir nicht nur im Hinblick auf die Ostöffnung, sondern auch auf die grundlegend veränderte globale Wettbewerbssituation in Angriff zu nehmen haben.

Die Wirtschaftsbeziehungen zwischen West- und Osteuropa dürfen deshalb nicht nur im Licht von Import- und Exportzahlen gesehen werden. Vielmehr muß der Schwerpunkt darauf gelegt werden, neue, kreative Formen der Kooperation, der Arbeitsteilung zu entwickeln, Direktinvestition und Joint-ventures auszubauen und die Zusammenarbeit auf Drittmärkten zu verstärken.

Die konsequente Weiterführung der Integrationsbemühungen und deren Ausdehnung auf die Reformstaaten ist um so wichtiger, als in Europa zunehmend auch zentrifugale Kräfte an Einfluß gewinnen. So ist in vielen Ländern Ost- und Südosteuropas ein deutlicher Trend zur Wiederkehr nationalistischer Strömungen und Separatismus spürbar, und der Krieg im ehemaligen Jugoslawien ist nur das überaus tragische Beispiel für diese vielleicht historisch erklärbaren, aber vom politischen und humanistischen Standpunkt äußerst gefährlichen und abzulehnenden Tendenzen.

Es muß auch erwähnt werden, daß der Trend zum Partikularismus nicht vor Westeuropa haltmacht: Auch bei uns fühlen sich Bauern und kleine Wirtschaftstreibende von einer weiteren Internationalisierung und Integration in ihrer Existenz bedroht; der Verlust der eigenen politischen und kulturellen Identität wird befürchtet, verschiedentlich wird von radikalen oder populistischen Kreisen sogar einer Abkehr vom Konzept des Einheitsstaates und sezessionistischen Gedanken das Wort geredet.

An dieser Stelle muß mit aller Deutlichkeit festgehalten werden: Ein Europa, das politisch und wirtschaftlich stark bleiben will, kann sich eine wie immer motivierte Zersplitterung und Kantonisierung nicht leisten. So wichtig es ist, in einem kulturell und ethnisch so komplexen Gebilde wie Europa den Grundsatz von Subsidiarität und Bürgernähe in den politischen Abläufen umzusetzen, so wichtig ist es, überschaubare und effiziente Entscheidungsstrukturen zu erhalten.

Die politische Kunst, die wir uns selber abzuverlangen haben, besteht in einem Zusammenwirken der genannten effizienten Entscheidungsstrukturen und der grenzübergreifenden Zusammenarbeit in einer solchen Art und Weise, daß dabei das übergeordnete Gesamtziel, nämlich ein demokratisch geeintes, gemeinsam vorgehendes Europa, nicht auf der Strecke bleibt. Dadurch würde – ich halte das für wichtig – Lord Dahrendorfs vor nicht allzu langer Zeit geäußerte Befürchtung zerstreut, daß die, die den Begriff des »Europa der Regionen« mit so großer Begeisterung in den Mund nehmen, sich am Ende zwar mit den Regionen, aber ohne Europa wiederfinden könnten.

Ein weiterer Gedanke erscheint mir an dieser Stelle ebenfalls wichtig: Das neue Europa darf sich nicht in Selbstgenügsamkeit verfangen; es muß vielmehr bereit sein, sich nicht durch Abgrenzung oder als Festung zu definieren, sondern durch Offenheit. Nur dann kann Europa seiner kontinentalen und letztlich auch globalen Verantwortung gerecht werden und den Herausforderungen der Zukunft gewachsen bleiben.

Offenheit heißt für mich, den neuen Demokratien in Osteuropa die Perspektive einer vollen Mitwirkung an der Integration zu geben. Es bedeutet aber insbesondere auch, Rußland ein enges Netz der Zusammenarbeit anzubieten, die enge Verbindung zu den Demokratien in Nordamerika aufrechtzuerhalten sowie in einen zukunftsorientierten Dialog mit der sogenannten Dritten Welt einzutreten.

Es mag paradox klingen: Aber gerade zu dem Zeitpunkt, in dem Europa dabei ist, seine politische und wirtschaftliche Vereinigung zu verwirklichen, gilt es, über den eigenen Rahmen hinauszublicken.

Europa ist in Bewegung, und diese neue Dynamik stellt auch unsere bisherigen Konzepte von Sicherheit und Stabilität in Frage. Welche Konsequenzen haben wir daraus zu ziehen? Sie liegen auf der Hand: Zum einen gilt es, zu einem umfassenden Verständnis von Sicherheit zu kommen, das nicht nur die militärische Dimension umfaßt, sondern auch soziale, wirtschaftliche, ökologische Aspekte einbezieht und der wachsenden internationalen Dimension der inneren Sicherheit – ich nenne nur die Stichworte Wanderbewegung, organisierter Waffen- und Drogenhandel, Terrorismus – Rechnung trägt. All diese Probleme können letztlich nur durch verstärkte Zusammenarbeit und Integration bewältigt werden. Zum anderen sind wir gefordert, im enger definierten politisch-militärischen Bereich ein umfassendes, gesamteuropäisches Sicherheitssystem aufzubauen, in dem den Elementen der kollektiven und kooperativen Sicherheit ein besonderer Stellenwert zukommen muß. Europa wird dabei auf die bereits bestehenden Institutionen zurückgreifen können.

Der Europarat mit seinem auf dem Wiener Gipfeltreffen im Oktober 1993 entwickelten Konzept der »demokratischen Sicherheit« und die KSZE mit ihren Möglichkeiten der friedlichen Konfliktlösung, der präventiven Diplomatie und der vertrauens- und sicherheitsbildenden Maßnahmen sind dafür ebenso wichtige Bausteine wie der von der Europäischen Union übernommene »Balladur-Plan« und die im Rahmen von NATO und WEU entwickelten neuen Aufgaben im Bereich des Peace-keeping, der Implementierung internationaler Embargomaßnahmen oder der Einbeziehung der Staaten des ehemaligen Warschauer Paktes in eine engere sicherheitspolitische und militärische Zusammenarbeit.

Es wird nun in den nächsten Jahren darauf ankommen, die Aufgaben dieser Institutionen aufeinander abzustimmen und zu einer wirksamen, ganz Europa umfassenden Architektur zusammenzufassen.

Wenn der Europagedanke und das Streben nach europäischer Integration gerade aus österreichischer Sicht visionär und als in höchstem Maß verfolgenswert gilt, dann wohl aus den Gründen, die ich bisher darzustellen versucht habe – also aus den Gründen der Stabilität und des sicheren Friedens; aus Gründen der nachhaltigen ökonomischen und ökologischen Entwicklung, des sozialen Ausgleichs und des technischen Fortschritts.

Was ich meine, läßt sich noch allgemeiner formulieren: wo, wenn nicht in diesem von der Europäischen Union getragenen Integrationsprozeß, läßt sich so etwas wie »Zukunftsfähigkeit« demonstrieren und verwirklichen? Es ist dies ein Begriff, den der deutsche Politologe Simonis geprägt hat und der eine ökonomisch, ökologisch und sozial ausgeglichene Entwicklung beschreibt – eine Entwicklung, die nicht nur für Osteuropa, sondern auch für den als »Süden« umschriebenen Teil der Welt beispielhaft sein könnte. Das ist letztlich die größte europäische Herausforderung, vor der wir stehen.

GESAMTEUROPA: TRAUM UND WIRKLICHKEIT

Überlegungen zur europäischen Situation der neunziger Jahre

Von Eva Nowotny,
Botschafterin der Republik Österreich in Frankreich

»Das hat der Fortschritt so an sich, daß er meistens kleiner ist, als er ausschaut.«
Johann Nepomuk Nestroy

»Prophezeiungen sind immer schwierig, besonders über die Zukunft.«
Karl Kraus

Immer wieder finden sich in der Geschichte Perioden, in denen sich große Änderungen vollziehen, in denen etablierte Strukturen veroder zerfallen und Raum für Neues machen. In der europäischen Geschichte kam es zu solchen grundlegenden Veränderungen etwa, um nur einige zu nennen, durch den Dreißigjährigen Krieg, durch die Französische Revolution und die europäischen Kriege gegen Napoleon, durch den Ersten und auch den Zweiten Weltkrieg. Was wir in Europa in den Jahren 1989/90 erleben konnten, steht in seiner Bedeutung diesen Umwälzungen nicht nach. Und doch gibt es einen wichtigen Unterschied: Waren die eben zitierten Beispiele immer das Ergebnis von gewaltsamen Prozessen, militärischen Konflikten, von Krieg, Aufruhr und Gewalt, in denen Altes zerstört und Neues geschaffen wurde, so haben wir nun eine andere Erfahrung gemacht. In den Veränderungen in Zentral- und Osteuropa sind die Strukturen sozusagen von innen her zerfallen, nicht durch eine Explosion, sondern durch eine Implosion, nicht durch gewaltsame Zerstörung, sondern durch einen Kollaps aus innerer Schwäche.

Für mich, die ich diese Jahre von der günstigen Aussichtswarte als außenpolitische Beraterin des österreichischen Bundeskanzlers miterleben konnte, blieb vor allem der überraschende Eindruck der Schnelligkeit und der Vollständigkeit, mit der das kommunistische Imperium zerfiel. Bildhafte Analogien drängten sich geradezu auf – das Kartenhaus, das in sich zusammenstürzt, der tönerne Riese, der mit einem Hammerschlag vernichtet werden kann, die prächtigen Kleider des Kaisers, die der unbestechliche Blick eines Kindes nicht sieht . . .

In ihrem Essayband *Practicing History* definiert die amerikanische Historikerin Barbara Tuchmann zwei Wege, wie man Erkenntnisse aus der Geschichte anwenden und nutzbar machen kann: »One is to enable us to avoid past mistakes and to manage better in similar circumstances next time. The other is to enable us to anticipate a future course of events.« Angesichts der sehr komplexen Situation, in der wir uns in Europa befinden, scheint mir freilich keine der beiden Varianten wirklich adäquat.

Zum einen fehlen die historischen Erfahrungen, die uns den Umgang mit der heutigen Situation erleichtern würden, zum anderen sind die politischen Entwicklungen in Europa wie auch in den einzelnen europäischen Staaten zu komplex, vielschichtig und zum Teil widersprüchlich geworden, um sich mit einem so einfachen Lösungsansatz steuern zu lassen.

Der französische Politikwissenschaftler Alain Minc diagnostiziert sogar den Beginn eines neuen Mittelalters, einer Zeitspanne, in der die Elemente der Unordnung zahllos geworden sind, in der Zufälligkeit und Unsicherheit vorherrscht, in der es keine »Kybernetik der Geschichte« gibt, die wie eine Seilsicherung die Welt zu einem Minimum an Ordnung zurückführen würde. Es fällt mir schwer, diese pessimistische Einschätzung zu teilen, doch haben einige Aspekte seiner Diagnose gewiß Berechtigung.

Europa steht heute vor Problemen, die sich überlappen und deren Management dementsprechend schwieriger geworden ist, und bewegt sich in vielen Aspekten auf Neuland, wo es keine leicht erkennbaren Wegzeichen gibt.

In Westeuropa geht innerhalb der Europäischen Union der vorgezeichnete Weg zu einer immer dichter, immer umfassender werdenden Integration weiter, und ein völlig neues Modell zwischenstaatlicher Zusammenarbeit, das bei einem Höchstmaß an gegenseitiger Verflechtung noch nationale Souveränität zu wahren versucht, ist im Entstehen. Dieser Weg ist konsequent und entspricht auch der Logik unserer Zeit: Für alle großen Probleme, die sich heute dringend stellen, vom Umweltschutz über Wanderungsbewegungen bis zu Fragen des Wirtschaftswachstums und der Friedenssicherung, hat der Nationalstaat seine Wirkungsfähigkeit eingebüßt. Diese Probleme können heute nur mehr gemeinschaftlich und unter Ausschöpfung der gemeinsamen politischen, finanziellen und intellektuellen Möglichkeiten mit Aussicht auf Erfolg behandelt werden. Souveränität kann heute nicht mehr als stolzes Beiseitestehen und höchstmögliche Unabhängigkeit verstanden werden. Souveränität heute muß vielmehr bedeuten, dort dabeizusein, wo es um Entscheidungen und Weichenstellungen geht, die für uns alle in gleicher Weise relevant sind.

Dessenungeachtet nimmt in der Bevölkerung – und dies in nahezu allen westeuropäischen Staaten in vergleichbarer Weise – die Ablehnung der Europäischen Union zu. Der Pendelschlag, der von der »Eurosklerose« kurzfristig zu einer »Europhorie« der späten achtziger Jahre geführt hat, steht heute wieder bei Europessimismus. Die EU ist die allgemeine Adresse für Schuldzuweisungen geworden und wird für nahezu alle Übelstände verantwortlich gemacht, die sich in den Gesellschaften präsentieren, von der zunehmenden Arbeitslosigkeit über die wirtschaftliche Rezession bis zur illegalen Einwanderung und den speziellen Problemen des landwirtschaftlichen Sektors. Parallel dazu wächst die Tendenz, Wurzeln, persönliche Identifikation und Zusammengehörigkeitsgefühl nicht nur im Rahmen des Nationalstaats zu suchen, sondern vielmehr auf einer unteren Ebene, auf der Ebene der Gemeinde, der Region. So verständlich diese Entwicklung auch sein mag, so gefährlich wäre sie, wenn dadurch jenen Einheiten die Legitimation entzogen würde, die infolge ihrer Größe aufgerufen und in der Lage sind, die Probleme zu lösen, die nur im größeren Rahmen gelöst werden können.

Denn in diesem Sinne gibt es zur Europäischen Union keine Alternative. Der Weg mag sich etwas verlangsamen, etwas dorniger werden, doch die Richtung ist vorgegeben. Sie entspricht den Erwartungen und Bedürfnissen der europäischen Wirtschaft, sie entspricht den Entwicklungen der Wissenschaft, der Information und Kommunikation, sie bietet den passenden Rahmen, die großen europäischen Probleme gemeinsam und partnerschaftlich zu lösen. Sie bietet die einzige tragfähige und solide Struktur, um den Frieden in diesem Teil des Kontinents dauerhaft zu sichern, und die auch durchaus in der Lage ist, Spannungen zwischen ihren Mitgliedern und innere Belastungen zu bewältigen.

Im östlichen Teil des Kontinents bietet sich ein anderes Bild. Hier ist ein übergeordnetes System zusammengebrochen, ohne daß ein neues an seine Stelle getreten wäre. Die Plötzlichkeit und die Vollständigkeit, mit der es zusammengebrochen ist, muß selbst jene Politiker und Analytiker überrascht haben, die diesen Zusammenbruch als unvermeidlich vorausgesagt haben. Mit der neugewonnenen Freiheit und der Rückkehr zu demokratischen und pluralistischen Regierungsformen nach Jahrzehnten der kommunistischen Diktatur haben sich die Staaten Zentral- und Osteuropas wieder jenem Teil Europas zugewandt, dem sie sich durch ihre intellektuelle, kulturelle und auch politische Geschichte immer zugehörig fühlten.

Hinwendung zur eigenen Vergangenheit vollzog sich aber auch auf andere Art und Weise: Die gesellschaftliche Dynamik, die sich in Westeuropa in den Jahrzehnten seit dem Ende des Zweiten Weltkriegs vollzogen hatte, blieb den Gesellschaften Zentral- und Osteuropas im Tiefkühlsystem der kommunistischen Herrschaft weitenteils versagt.

Nun, nachdem das Tauwetter eingesetzt hat, vollzieht sich in vielen gesellschaftlichen Belangen nicht ein automatischer Sprung zur Modernität, sondern ein Auftauprozeß zum Status quo ante. In nahezu allen zentral- und osteuropäischen Staaten, wenngleich in unterschiedlichem Ausmaß, findet sich die Anknüpfung an Gedanken, Einstellungen und auch Symbole der vorkommunistischen Periode. Innere und äußere Konflikte, die unter der kommunistischen Herrschaft niedergehalten, aber nie bereinigt wurden, flammen wieder auf, ebenso wie überspitzter Nationalismus und Partikularismus, Xenophobie, ethnische und religiöse Intoleranz. Die Erwartungshaltung der Menschen über einen raschen wirtschaftlichen Aufschwung, der im unmittelbaren Zusammenhang mit dem Übergang zu demokratischen Verhältnissen einsetzen würde, war hoch. Ebenso hoch ist nun der Grad der Enttäuschung und der Betroffenheit, daß dieser wirtschaftliche Aufschwung nur zögernd einsetzt und nicht überall in gleichem Maße spürbar wird, daß ganz im Gegenteil in vielen Bereichen zunächst einmal eine Verschlechterung der Lebenssituation des einzelnen als Konsequenz der anlaufenden Wirtschaftsreformen eingetreten ist.

Daß das gefährliche Amalgam aus unausgetragenen inneren Spannungen, überzogenen Hoffnungen und enttäuschten Erwartungen nicht ohne politische Folgen bleiben kann, ist selbstverständlich. Verbitterung, Schuldzuweisungen, mangelndes Interesse an den demokratischen Prozessen, verstärkter Zulauf zu den extremistischen Parteien im Inneren, Reibungen und Spannungen bis hin zu offenen Konflikten im Verhältnis der betroffenen Staaten zueinander sind bereits deutlich zutage getreten.

Durch den plötzlichen Zusammenbruch der militärischen und wirtschaftlichen Allianzen in Zentral- und Osteuropa, so gering und unorganisch ihre integrative Kraft auch gewesen sein mag, finden sich diese Staaten heute auf sich allein gestellt. Dies betrifft nicht nur den intraregionalen Handel, der mit zum Teil sehr negativen Auswirkungen stark zurückgegangen ist, sondern auch und vor allem die Sicherheitspolitik. Sorge um eine Veränderung der politischen Kräfteverhältnisse in Rußland, die zu dem Versuch führen könnten, das verlorengegangene Glacis in Zentraleuropa wiederzuerrichten, sowie offene Minderheiten- und Grenzprobleme zwischen einzelnen Staaten der Region nähren ein Gefühl der Verunsicherung und der Bedrohung, das bisher von der zögernden und schrittweisen Öffnung der westeuropäischen Organisationen nicht abgefangen werden konnte.

Die Zeiten, in denen Westeuropa die Verhältnisse und Entwicklungen im östlichen Teil des Kontinents ignorieren oder in die Verantwortung einer der beiden Supermächte rückverweisen konnte, sind ein für allemal vorbei. Polen, Ungarn, die Tschechische, die Slowakische Republik, Slowenien usw. berufen sich mit Nachdruck und mit Fug und Recht auf ihre europäische Tradition und auf ihre innere Verbundenheit mit Westeuropa, von dessen Entwicklung zu Wohlstand und innerer sowie äußerer Sicherheit sie durch das Wechselspiel der Geschichte in den letzten Jahrzehnten abgeschnitten waren.

Von seiten der USA wurde deutlich signalisiert, daß man die Rolle der USA in Europa und ihre Einflußnahme auf europäische Entwicklungen überdenken und neu bewerten müsse. Ein gewisses Desinteresse, verbunden mit einer stärkeren Hinwendung zur engeren Region, ist nicht zu verkennen.

Wenngleich eine völlige Abkehr der USA von Europa weder zu befürchten noch zu erwarten ist – dazu ist die transatlantische Partnerschaft bei allen gelegentlichen Meinungsverschiedenheiten zu gefestigt und auch für beide Seiten zu wichtig –, wird dennoch die Hauptverantwortung für europäische Entwicklungen von Europa selbst (und damit vor allem von der Europäischen Union) übernommen werden müssen. Der Krieg im ehemaligen Jugoslawien mit seinen Auswirkungen auf Europa insgesamt ist ein gutes Beispiel für den schon entstandenen und potentiell noch möglichen Schaden, wenn sich Europa dieser Aufgabe nicht stellt.

Die schrittweise Öffnung europäischer Organisationen für die Staaten Zentral- und Osteuropas ist von nicht zu unterschätzender Bedeutung. Doch zeigen die Erfahrungen der jüngsten Vergangenheit, daß damit weder den Integrations- noch den Sicherheitsbedürfnissen dieser Staaten Genüge getan wird.

Der Europarat ist ein zentrales Organ der Zusammenarbeit und der Partnerschaft zwischen den europäischen Demokratien. Er bietet die Anbindung an eine breite Palette von Kooperation, die von kulturellen und sozialen Fragen über Rechtsanpassung bis hin zu Fragen des Umweltschutzes oder der Wanderungsproblematik reicht. Noch wichtiger ist allerdings die Funktion des Europarates als eine Art europäisches Gütesiegel für ein System der parlamentarischen Demokratie und die Einhaltung der Menschenrechte. Abgesehen von den praktischen Nutzungsanwendungen, hat daher die Mitgliedschaft im Europarat einen hohen symbolischen Stellenwert. Sie impliziert die Approbation einer funktionierenden Demokratie und einer Rechtsordnung, die den Schutz der Menschenrechte ausreichend gewährleistet und die von den anderen gleichgesinnten Demokratien ausgesprochen wird. Dennoch ist der Europarat zu lose strukturiert, um das Bedürfnis nach einer konkreten Verankerung zu befriedigen.

Die KSZE ist die bisher einzige Organisation, die sich mit sicherheitspolitischen Fragen im gesamteuropäischen Raum befaßt. Sie hat auch, zumindest ansatzweise, Strukturen entwickelt, um für die Einhaltung ihrer Grundprinzipien zu sorgen und sich in die Bereinigung von Konflikten und Krisen einschalten zu können. Sie beruht allerdings nach wie vor auf der freiwilligen Verpflichtung ihrer Mitglieder, gemäß den Prinzipien der KSZE zu handeln, und durch das Einstimmigkeitsprinzip sind die Sanktionsmöglichkeiten gegenüber »schwarzen Schafen« gering und nicht sehr effizient. Den Sicherheitsbedürfnissen der zentral- und osteuropäischen Staaten wird sie jedenfalls nicht ausreichend gerecht.

Für die Europäische Union stellen sich daher zwei Aufgaben, denen sie sich, davon bin ich überzeugt, nicht entziehen kann: Sie muß einerseits über die schon bestehenden Europaverträge hinaus einen konkreten Aktionsplan für die schrittweise Anbindung Zentral- und Osteuropas an das integrierte Europa erstellen, der diesen Staaten parallel zu ihrer eigenen wirtschaftlichen Entwicklung eine realistische Zukunftsperspektive bietet, die ihre berechtigten Erwartungen erfüllen kann. Es ist meiner Meinung nach politisch gefährlich und auch verantwortungslos, den Bevölkerungen dieser Staaten die Phantasmagorie einer vollen Mitgliedschaft in der Europäischen Union innerhalb von wenigen Jahren vorzugaukeln. Es ist offensichtlich, daß dafür weder deren wirtschaftliche und finanzielle Reife vorhanden noch die Bereitschaft der Europäischen Union gegeben ist, nach der vor ihrem Abschluß stehenden Erweiterung um Österreich, Schweden, Finnland und Norwegen rasch einen nochmaligen Erweiterungsschritt vorzunehmen. Doch liegen bereits ausreichend Elemente und Vorschläge auf dem Tisch, die in einen vernünftigen

Aktionsplan zusammengeführt werden können: Parallel zu der Mitgliedschaft der vier oben erwähnten EFTA-Staaten in der Europäischen Union müßten die zentral- und osteuropäischen Staaten in das System des europäischen Freihandels, getragen durch die EFTA, einbezogen werden. In der Folge müßte ihnen die Einbindung in den EWR-Vertrag offenstehen, der die Ausweitung der vier Freiheiten des Binnenmarktes der Union auf dem gesamteuropäischen Raum gewährleisten würde. Damit wäre nicht nur ein Großteil der wirtschaftlichen Erwartungen der zentral- und osteuropäischen Staaten erfüllt. Es wäre damit auch ein ganz Europa umfassender Freihandelsraum geschaffen, der mehr als gerüstet wäre, sich im Wettbewerb der großen Wirtschaftsräume der Welt erfolgreich zu behaupten.

Ebenso wird die Europäische Union die zentrale und treibende Kraft im Ausbau eines kollektiven Sicherheitssystems in Europa sein müssen, eines Sicherheitssystems, das nicht nur Schutz nach außen, sondern auch Konfliktbeilegung im inneren Verhältnis umfaßt. Auch dafür liegen bereits mehrere Bausteine bereit, die zu einem tragfähigen Gebäude zusammengefügt werden können: Die Konferenz über Sicherheit und Stabilität in Europa, die auf der Basis des Plans von Premierminister Balladur im Frühjahr 1994 in Paris zusammentreten wird, könnte durch ein Netz von bilateralen Verträgen unter internationaler Absicherung sozusagen als Fundament dienen, die Westeuropäische Union mit der bereits absehbaren Erweiterung und in enger Anbindung an die NATO als Außenmauer. Es bleibt somit die Aufgabe, das Innere des Gebäudes durch einen Mechanismus zu füllen, der es ermöglicht, Rechtsbruch innerhalb des Systems konkret zu ahnden und in Konflikte zwischen den Partnern des Systems konkret einzugreifen.

Europa hat sich nach all den konfliktreichen und blutigen Jahrhunderten seiner Geschichte in den vier Jahrzehnten seit dem Ende des Zweiten Weltkriegs schrittweise und mit einer Vielzahl von Mitteln und Strukturen zu immer größerer Einigkeit und Geschlossenheit entwickelt. Es ist dabei immer seinen eigenen Weg gegangen und hat Modelle der Zusammenarbeit entwickelt, für die es keine Präzendenzfälle gibt. Das Gebäude, das dabei entstanden ist, läßt sich nicht mit einem kühnen, durchstilisierten und effizienten architektonischen Entwurf vergleichen, sondern eher mit einem alten Landhaus, an dem man gemäß dem Bedarf einer wachsenden Familie Zu- und Ausbauten vorgenommen hat, das aber trotzdem für alle Mitglieder eine sichere und behagliche Unterkunft bietet.

Es wäre ein europäisches Versagen, und Europa würde in seiner zukünftigen Entwicklung schweren Schaden nehmen, würde man heute darauf verzichten, trotz aller Schwierigkeiten und gegenläufiger Tendenzen, die gesamteuropäische Vision aufrechtzuerhalten und schrittweise zu verwirklichen.

OSTEUROPA ALS EUROPÄISCHE HERAUSFORDERUNG

Von Edouard Brunner,
Botschafter der Schweiz in Frankreich

Ausgangsbasis dieser Überlegungen ist die andauernde Herausforderung an die westlichen Entscheidungsträger, wie und wann Osteuropa in die bestehenden europäischen Strukturen eingebaut wird. Mitglied der KSZE (Konferenz über Sicherheit und Zusammenarbeit in Europa) sind alle Staaten Osteuropas bereits; die meisten von ihnen befinden sich auf oder am Ende des Weges zum Europarat, dem sie sich in Funktion ihrer Umwandlung in Rechtsstaaten annähern. Eine dritte Organisation, die NATO, hat den osteuropäischen Staaten bislang »Klappsitze« zur Verfügung gestellt, von denen aus sie das Geschehen auf der sicherheitspolitischen Bühne verfolgen, ohne indes mitzugestalten, und sich unter den NATO-Schutzschirm stellen können. In die WEU (Westeuropäische Union) schließlich werden einige von ihnen zunächst als assoziierte Partner aufgenommen.

Wenn die osteuropäischen Staaten von ihrer Integration in Europa sprechen, so meinen sie allerdings in erster Linie die Gemeinschaft, die Europäische Union, wie sie ja nun heißt. Nun waren es bekanntlich nicht die Gründungsväter der Gemeinschaft, sondern Stalin, welcher Europa am Eisernen Vorhang stoppte. Vergessen wir nicht, daß Polen und die Tschechoslowakei unmittelbar nach dem Krieg die von ihnen zunächst akzeptierte Einladung zur Teilnahme am Marshallplan unter sowjetischem Druck ausschlagen mußten.

Heute können und müssen die von den kommunistischen Machthabern in Moskau während der Nachkriegszeit verursachten Folgen überbrückt, die gewaltsam und künstlich errichteten Mauern niedergerissen und die dadurch geschlagenen Wunden geheilt werden.

Dazu braucht es aber politischen Willen. Wenn dieses, unser Westeuropa wirklich an eine übergreifende europäische Idee glaubt, wenn es zudem eine historische Gelegenheit nicht leichtfertig aus der Hand geben will, so muß hier und jetzt gehandelt werden. Der momentane günstige Zeitpunkt kann auch wieder verschwinden, wenn in Osteuropa totgeglaubte Regimes an die Macht zurückkehren oder wenn sich die sicherheitspolitische Großwetterlage grundlegend ändern sollte.

Die wirtschaftspolitische Eingliederung dieser Länder ist nicht einfach. Man heißt sie zu warten. Wie sollen sie aber an Wirtschaftskraft und damit Stabilität gewinnen, wenn wir unsere Märkte für ihre Exporte nicht öffnen?

Was Osteuropa letztlich am meisten sucht, ist die beruhigende Geborgenheit einer europäischen Familie, sei es nun in Form der NATO oder der Europäischen Union. Sollten wir uns nicht kreative Lösungen einfallen lassen, wie eine politische Teilnahme in der Union – welche dem Wunsch nach Nestwärme entgegenkommen würde – angeboten werden kann, bevor eine wirtschaftliche Vollintegration möglich ist? Zu denken ist etwa an eine maßgeschneiderte Spielart jener europäischen Konföderation, die Präsident Mitterrand vorgeschlagen hat. Eine solche Lösung könnte zwei weitere günstige Folgen haben: Der Versuchung der osteuropäischen Länder, die großen westeuropäischen Mächte gegeneinander auszuspielen wie auch unselige Allianzen zu bilden – wie sie zu Beginn dieses Jahrhunderts bestanden –, wäre von vornherein ein Riegel vorgeschoben. Schließlich muß darauf hingewiesen werden, daß ohne politische Stabilität und wirtschaftlichen Aufschwung in Osteuropa katastrophale, potentiell für das gesamte europäische System tödliche Entgleisungen drohen. Die Tragödie in Ex-Jugoslawien sollte als Menetekel genügen.

Sei es also aus Altruismus, oder sei es aus Staatsraison: Wir müssen die hier nur knapp umrissene Aufgabe jetzt und entschlossen anpacken. Das behauptete Dilemma zwischen Vertiefung einerseits und Vergrößerung andererseits besteht in Tat und Wahrheit nicht. Beides muß gleichzeitig, aber in Etappen getan werden. In einer ersten Phase müssen die osteuropäischen Länder in ganz klar definierten, aber progressiv auszuweitenden Bereichen an westeuropäische Strukturen in Politik, Sicherheitspolitik und Wirtschaftspolitik angebunden werden, um damit ihre Zugehörigkeit zu Europa ein für allemal festzuschreiben.

WENDE IN OSTEUROPA: CHANCEN UND GEFAHREN

Von Georg Dobrovolny,
Direktor der Stiftung für Demokratie in Bern

Die Wende in Osteuropa kam wie ein Wunder und ließ sich erst noch wundersam friedlich an. Es gab die rumänische Ausnahme und die militärischen Eingriffe der Sowjetunion in Litauen, aber der Übergang zum Neuen schien, im Unterschied zum Kaukasus oder zum sowjetischen Zentralasien, glatt zu verlaufen und ließ euphorische Gefühle aufkommen. Die Gefahr der nuklearen Konfrontation war gebannt, die Teilung Europas in zwei Blöcke überwunden, Europa stand vor einer völlig neuen Entwicklungsperspektive. Inzwischen hat uns der postkommunistische Konflikt in Ex-Jugoslawien, aus dem ein ethnischer Krieg wurde, die anderen Möglichkeiten freigewordener Kräfte vor Augen geführt. Die Euphorie ist nach vier Jahren aus den trivialen Gründen der Alltagssorgen auch sonst verflogen. Die eigenen nationalen Möbel sind wieder wichtiger als das gemeinsame europäische Haus.

Das bloße Wort »Wende« ist wertfrei. Es signalisiert einen Umschwung, ohne ihn zu qualifizieren. Die Wende kann durchaus von Krisen begleitet sein, wobei jede Krise nicht nur Gefahren, sondern auch Chancen bietet. Die Wende in Osteuropa wurde mit ihrem durchaus zwiespältigen Potential an Veränderung und Bewegung zunächst als schieres Gottesgeschenk begriffen, als Beginn einer gemeinsamen, glücklichen europäischen Zukunft. Vier Jahre nach der Wende stehen eher die Probleme und Gefahren im Zentrum der Aufmerksamkeit. Die Situation nach der Wende läßt sich wie folgt beschreiben:

1. Im Unterschied zu Nordamerika und Japan ist Europa durch die Wende in Osteuropa stärker gefordert und herausgefordert. Anstelle der ideologischen Auseinandersetzung ist eine Reihe von

nationalen und intrakulturellen Konflikten getreten. Die künstliche, nach dem Zweiten Weltkrieg entstandene Teilung Europas wurde zwar aufgehoben, aber nicht überwunden. Derzeit setzen beidseitig Desillusionierung und Ratlosigkeit ein. Partikularismus und Nationalismus nehmen zu, so etwa in Deutschland. Die kulturellen Reichtümer sind von Zerstörung bedroht. Die Greueltaten an Menschen, unter anderem auf dem Balkan, gehen weiter. Die Konflikte dort und im übrigen Osteuropa schaffen eine permanente Gefahrenlage auch in Westeuropa. Den explosiven Hintergrund bilden schlecht kontrollierte nukleare Sprengköpfe, Kernkraftwerke in desolatem Zustand etc.

2. Die Einwanderung aus den Entwicklungsländern und insbesondere aus Nordafrika nach Westeuropa ist verbunden mit zunehmendem Rassismus und Unverständnis gegenüber dem Fremdartigen. Mit Konflikten wie auf dem Balkan nimmt die Einwanderung aus den betroffenen Staaten nach Mittel- und Westeuropa zu.

3. Die eurasische Landverbindung ist an vielen Stellen durch militärische Konflikte blockiert. Dies betrifft Vorderasien, den Kaukasus und Zentralasien. Die Konflikte wirken destabilisierend. Die intrakulturellen Auseinandersetzungen können nicht nur auf Westeuropa, sondern auch nach Asien eskalieren. Die Türkei und die Turkvölker (insgesamt ca. 200 Millionen Menschen) wandeln sich zu einem ominösen Potential jenseits der bisherigen Berechenbarkeiten. Werden die Türken versuchen, an der Südflanke der Ex-Sowjetunion das Osmanische Reich wieder erstehen zu lassen? Und wie weit stellt der islamische Fundamentalismus eine neue Herausforderung dar?

4. Westeuropa kann darauf entweder mit einer eigenen Sicherheitspolitik oder mit dem Rückgriff auf das atlantische Bündnis reagieren. Tatsächlich aber ist die Willensbildung der maßgebenden europäischen Gremien diesbezüglich diffuser als je zuvor. So hat der Krieg auf dem Balkan bisher im übrigen Europa eher die zentrifugalen Kräfte aktiviert als zu Gemeinsamkeiten stimuliert. Geht es so weiter?

5. Die gesamtkontinentale Umweltproblematik ist nach der Wende in Osteuropa schlagartig sichtbar geworden. Den europäi-

schen Umweltraum gibt es, ob wir ihn wollen oder nicht. Der reale Sozialismus im Osten hat eine gigantische Naturzerstörung mit fortschreitender Verseuchung hinterlassen. Der westliche Teil des Kontinents kann sich davon nicht abkoppeln. Europa hat der Welt seinerzeit die Industrialisierung auf Kosten der Natur beigebracht. Heute ist es an den Europäern und insbesondere an den Westeuropäern, eine umweltverträgliche Zivilisation anzuregen und zu schaffen. Dies könnte der neue humanistische Beitrag Europas an die Weltgemeinschaft sein.

6. Das 45 Jahre lang geteilte Europa sucht eine eigene Mitte, um mehr als bisher eine eigenständige Politik zu betreiben. Das geopolitische Zentrum Europas verlagert sich nach Nordosten: Berlin, Prag, Wien, Budapest und Warschau rücken ins Zentrum der Aufmerksamkeit, ebenso die skandinavischen Länder.

7. Der Jubel über die »Vollendung« des EU-Binnenmarktes ist schnell wieder verflogen, und das ausgerechnet in einer Zeit, in der die EU stärker denn je gefordert ist: Die steigende Arbeitslosigkeit in der EU müßte entschlossener bekämpft werden, wenn der Binnenmarkt seine Glaubwürdigkeit nicht sogleich wieder verlieren soll. Der EU-Binnenmarkt braucht eine gemeinsame Währung, um wettbewerbsverzerrende Währungsschwankungen zu vermeiden und die EU glaubhaft wirtschaftspolitisch stabil zu machen. Dies würde allerdings bedeuten, daß die EU-Mitgliedstaaten auf ihre bisher »autonome Wirtschaftspolitik« verzichten müßten.

8. Mit dem Urteil des deutschen Bundesverfassungsgerichts ist der Ratifizierungsprozeß abgeschlossen, so daß das Vertragswerk von Maastricht am 1. November 1993 in Kraft getreten ist. Die Europäische Union hebt die EG nicht auf, geht aber in vier Bereichen (Außen-, Sicherheits- und Sozialpolitik, Asyl- und Einwanderungspolitik) über diese hinaus. Dies bedeutet – falls sich nur ein Teil davon realisieren läßt – eine höhere Eintrittshürde für neue Mitglieder.

9. Während die existierenden und potentiellen Konflikte in Europa eine vertiefte politische und sicherheitspolitische Zusammenarbeit bzw. Integration erfordern, ist das heutige Niveau der EU-Integration für viele süd- und osteuropäische Staaten zu hoch. Daraus resultiert ein Europa der zwei bzw. drei Geschwindigkeiten.

10. Die EU, die von einem gesamteuropäischen Anspruch ausgeht, müßte sich auf neue Mitglieder aus Mittel- und Osteuropa einstellen, um künftig handlungsfähig zu bleiben. Dies wiederum erfordert von der EU eine totale Reform ihrer Institutionen und Entscheidungsmechanismen. Gesucht werden daher neue, gesamteuropäische Integrationsmodelle! Ob Europa als Staatenbund, ein Europa der Regionen oder eine Europäische Union, die eher einem Bundesstaat gliche – alle Muster stehen aus neuen Gründen zur Diskussion.

Europas Suche nach der eigenen Mitte

Im Westen, Norden und Westsüden ist Europa geographisch eindeutig definiert.

Wie weit nach Osten reicht Europa? Pragmatiker beantworten diese Frage geographisch und verweisen auf den Ural als Ostgrenze. Oder sie meinen so philosophisch wie sybillinisch, Europa reiche »von einem Ende zum anderen« (Charles de Gaulle). Die Frage nach der europäischen Grenze südöstlich des Ural bleibt in der Tat offen. Es ist wohl auch kein Zufall, daß man heutzutage im allgemeinen Sprachgebrauch den Balkan als Südosteuropa bezeichnet. Eine den realen Verhältnissen gerecht werdende Definition freilich sollte gleichermaßen politische, historische und kulturelle Aspekte berücksichtigen.

Dies eben versuchte Richard von Coudenhove-Kalergi, Autor des schon 1923 in Wien erschienenen visionären Buches *Pan-Europa*. Er plädierte für einen politischen und wirtschaftlichen Zusammenschluß aller in Europa sich befindenden Staaten, machte aber gleichzeitig deutlich, daß auch der von ihm vertretene politische Europa-Begriff nicht kongruent mit den geographischen Grenzen des Kontinents war. Großbritannien etwa konnte wegen seiner Kolonien und Dominions nicht Mitglied einer paneuropäischen Union werden, denn ein Europa, zu dem Australien, Kanada und Südafrika gehörten, hätte nach Ansicht Coudenhove-Kalergis kein Europa mehr dargestellt, »sondern ein interkontinentales Weltreich«. Das kommunistische Rußland wiederum habe sich durch seinen Bruch mit dem demokratischen System selbst von Europa getrennt, schrieb der Autor vor siebzig Jahren.

Wie sieht das nach der Wende aus? Während die russischen Strategen den Begriff Eurasien nachprägen, sehen die Westeuropäer ihre Hoffnung in der Atlantischen Allianz mit den USA. Daß diese nicht immer gut funktionieren kann, zeigt die Diskussion zwischen der EU und den USA in der Bosnien-Frage.

Wo nun die eigentliche Ostgrenze Europas verläuft und welche Staaten folglich das angestrebte Ziel einer paneuropäischen Integration umfassen soll, stellt keine neue, aus der aktuellen Tatsache der überwundenen Teilung des Kontinents erwachsene Diskussion dar. Daß in diesem Zusammenhang häufig sehr unterschiedliche Meinungen vertreten wurden, hängt sicherlich auch mit der engen geographischen Verzahnung Europas und Asiens zusammen. Kein Atlantik, nicht einmal eine »Straße von Gibraltar« trennt die beiden Kontinente, weshalb der einzige in Nord-Süd-Richtung verlaufende Gebirgszug, der zufällig die eurasische Tiefebene durchschneidet – eben der Ural – als europäische Ostgrenze anerkannt werden mußte.

Die Spaltung des Kontinents als Folge des Zweiten Weltkrieges und der Machtübernahme durch die Kommunisten in den Staaten Mittel- und Osteuropas sorgten vorübergehend für vermeintlich klare Verhältnisse. Europa war scheinbar auf die westlichen Staaten geschrumpft, seine Ostgrenzen wurden nun politisch, gesellschaftlich und wirtschaftlich definiert. Sie verliefen nicht mehr am Ural, sondern an der Elbe und im Bayerischen Wald.

Dem Wort »Mitteleuropa« fehlte noch bis vor kurzem die Selbstverständlichkeit der Bezugnahme – 45 Jahre lang war die Situation klar: Es gab den Ostblock und den Westen. 45 Jahre lang war Europa ohne Mitte. Seit der Wende von 1989/90 entstanden aus dem ehemaligen sowjetischen Glacis vierzehn bzw. fünfzehn neue Staaten (die drei kaukasischen Staaten eingerechnet). Sie entstanden als Ergebnis der Aufsplitterung von drei nominell föderativen Gebilden, der Sowjetunion, Jugoslawien und der Tschechoslowakei. Alle drei Staaten hatten zwar präkommunistische Vorläufer, zerfielen aber dennoch mit dem Zusammenbruch des real existierenden

Sozialismus. Während die Auflösung der Sowjetunion viele Merkmale einer Dekolonialisierung trägt, läßt sich dies weder für Jugoslawien noch gar für die Tschechoslowakei behaupten.

EU-Ostgrenze: Szenarien

Es stellt sich die Frage, ob eine künftige EU um einige EFTA-Staaten sowie Ungarn und der Tschechischen Republik erweitert werden soll oder ob ein paneuropäisches Haus – mit welcher Außenmauer auch immer – entstehen wird.

Die EU ist möglicherweise institutionell gar nicht in der Lage, alle beitrittswilligen Staaten Europas zu integrieren. Die Rechte der kleinen Staaten (auf Nominierung von EG-Kommissaren, auf turnusgemäßes Ratspräsidium, auf sprachliche Anerkennung) lassen sich nicht beliebig multiplizieren. Es hieße also, entweder die EU zu reformieren oder die EU-Verwaltung weiter auszudehnen; letzteres stieße wohl kaum auf die Akzeptanz der Bürger. Die EU bedarf einerseits also einer institutionellen Reform, andererseits aber auch einer gesamteuropäischen Vision. Demnach sollte die Aufnahme der mittel- und osteuropäischen Reformstaaten (in der ersten Phase vermutlich die sogenannte Visegrád-Gruppe, also Ungarn, die Tschechische, die Slowakische Republik und Polen) ein klar definiertes Erweiterungsziel bleiben und nicht weit ins nächste Jahrzehnt hinein verlegt werden. Und selbst dann wäre die Frage nach der EU-Ostgrenze immer noch nicht beantwortet. Die Frage lautet wie folgt: Kann die EU das Risiko der Nichtintegration von beitrittswilligen mittel- und osteuropäischen Staaten auf sich nehmen?

Wie könnte die EU in fünf bis zehn Jahren aussehen? Diesbezüglich sind folgende Szenarien denkbar:

1. Die Ostgrenze der Europäischen Union entspricht der heutigen, erweitert um Österreich und die drei skandinavischen Länder. Die mittel- und osteuropäischen Staaten würden eine solche Entwicklung nicht ohne weiteres hinnehmen.

2. Die EU-Grenzen umfassen auch Polen, die Ex-Tschechoslowakei und Ungarn. Die katholischen Länder Slowenien und Kroatien sind dann um so mehr den aggressiven orthodoxen Serben ausgeliefert. Slowenien wäre danach bestrebt, eine gemeinsame Region mit Kärnten zu bilden (Norikum), um die slowenische Minderheit in Kärnten mit dem Mutterland zu vereinigen. Außerdem käme es zur problematischen Trennung zwischen der katholischen Ukraine und dem katholischen Polen. Schließlich würden die Balten außen vorbleiben.

3. Die EU-Grenze umfaßt außer Polen, der Ex-Tschechoslowakei und Ungarn auch Ex-Jugoslawien. Um so härter sind dann die baltischen Staaten ausgegrenzt, und während die serbische EU-Zugehörigkeit inkongruent anmutet, kann man sich Serbien nicht als EU-Mitglied vorstellen. Was ist dann mit Rumänien, Bulgarien und Albanien/Kosovo?

4. Die EU umfaßt auch die baltischen Staaten, Weißrußland, Moldawien, die Ukraine sowie Albanien und grenzt an den Bosporus. Diese Konstellation erscheint völlig unrealistisch; Rußland und die Türkei wären von Europa isoliert (trotz der historischen Bindungen). Sie würden das nicht hinnehmen, und bei ihrer Wichtigkeit wäre das alles andere als belanglos.

5. Es entsteht ein paneuropäisches Haus inklusive Rußland ohne die Türkei. In dieser Variante bilden islamische Republiken, die Mongolei und China die Ost-Süd-Grenze. Ob die Türkei und die Turkvölker (insgesamt ca. 200 Millionen Menschen) sich zu einem omniösen Potential, einem neuen Osmanischen Reich jenseits der bisherigen Berechenbarkeiten wandeln würden? In diesem Zusammenhang ist auch der islamische Fundamentalismus als eine neue totalitäre Ideologie und eine mögliche Herausforderung nicht nur für den Westen, sondern auch für die Türkei selbst zu nennen.

Mit Ausnahme des ersten Beispiels scheinen alle Szenarien mehr als bloße Erweiterungsrezepte zu sein. Die Problematik der EU-Ostgrenze wird hier deutlich.

Zu Klein-Europa: Für den heutigen Integrationszug in Westeuropa bleibt Deutschland die Lokomotive und Frankreich der Heizer. Frankreich und die übrigen EU-Mitgliedstaaten akzeptieren die deutsche Wiedervereinigung unter der Bedingung, daß Deutschland die westeuropäische Integration nicht behindert.

Zu Groß-Europa: Je weiter ostwärts die EU ihre Grenzen ausweitet, um so illusorischer wird der paneuropäische Traum. Folglich werden sich die drei institutionellen Säulen (KSZE, UN-Wirtschaftskommission und Europarat) zwar mit einer marginalen Rolle im Vergleich zu den EU-Institutionen zufrieden geben müssen, jedoch ihre Rolle beibehalten. Die westeuropäische Föderation wird sich festigen und sich vorsichtig ostwärts bewegen, ohne Rußland und die Türkei zu integrieren. Möglicherweise entsteht eine Pufferzone mit Finnland, Polen, der Ukraine, Weißrußland, der Slowakischen Republik, Serbien, Rumänien und Bulgarien unter einem recht großen Einfluß der EU. An der neuen EU-Ostgrenze könnte es zu Konflikten mit Rußland oder mit der Türkei kommen. So oder anders zeichnet sich eine instabile Situation an der EU-Ostgrenze ab.

Ein paneuropäisches »Haus« wiederum hätte dann eine Chance, wenn die EU an Attraktivität verlieren sollte. Bei alledem scheint das Hauptproblem in der Friedenssicherung vom Atlantik bis zum Pazifik zu bestehen, das heißt in der Vermeidung von Konflikten mit der islamischen Welt und China.

Das Problem von Klein-Europa und Groß-Europa bzw. Paneuropa ist in einem breiteren Kontext zu sehen und zu erörtern. Besondere Aufmerksamkeit verdienen hier vor allem das vereinigte Deutschland, Rußland und die Ukraine, die Situation auf dem Balkan und die Türkei. Weitere Aspekte sind Lebensniveau (reiche versus arme Länder), Probleme der Minderheiten, Umwelt, Immigration, Sicherheit, Aids und Drogen sowie die Frage nach dem kulturellen Erbe und den bedrohten Kulturgütern.

Eine lockere europäische Konföderation unter Einschluß der Länder Mittel- und Osteuropas, wie sie der französische Präsident François Mitterrand unlängst in Wien vorgeschlagen hat (wohl aus Bedürfnis nach einer paneuropäischen Strategie), würde der Situation in Europa am besten Rechnung tragen. Doch bleiben derlei Anregungen einstweilen zu abstrakt – sie haben immer noch den Charakter eines »Vor-« bzw. »Wartezimmers der EU«.

In den Staaten Westeuropas grassiert die Furcht vor den Niedriglohnländern in Mittel- und Osteuropa. Tatsächlich entsprachen laut Angaben des Wiener Instituts für internationale Wirtschaftsvergleiche (WIIW) die durchschnittlichen Löhne 1992 in Ungarn lediglich 8,9 und in Polen 6,9 Prozent des deutschen Niveaus. Trotz deutlicher Zunahme machen die in der Tschechischen Republik gezahlten Löhne nur 10 Prozent der deutschen aus.

Unabhängig von den ökonomischen Erfordernissen hat der Westen ein großes Interesse daran, die wirtschaftliche Lage in den Staaten Mittel- und Osteuropas zu stabilisieren, denn die dort wachsende Ungeduld könnte auf Dauer die gerade entstandenen demokratischen Strukturen erschüttern. Die Wahlergebnisse von Litauen und Polen, wo die Ex-Kommunisten im reformerischen Gewand deutliche Wahlsiege erringen konnten, müssen ebenso als deutliche Warnsignale zur Kenntnis genommen werden wie der Putschversuch in Moskau von Anfang Oktober 1993. In Ungarn schließlich, wo noch Anfang des Jahres begründbare Hoffnung auf eine wirtschaftliche Konsolidierung bestand, bezeichnete Finanzminister Ivan Szabo das Jahr 1993 als ein Jahr von »Blut, Schweiß und Tränen«.

Gefahren und Chancen

Die niedrigeren Lohnkosten wie auch geringe Umweltschutzauflagen und die in manchen (nicht allen) Reformstaaten günstigeren Energiekosten lassen manche westeuropäische Unternehmen um ihre Wettbewerbsfähigkeit fürchten. Sandor Richter vom WIIW schreibt in seinem im Juni 1993 erschienenen Forschungsbericht »*East-west trade under growing western protectionism*« unter anderem: »Während ein Teil der westeuropäischen Handelsbarrieren gegenüber den sechs Reformstaaten Osteuropas entfernt wurde oder bald entfernt wird und nahezu alle verbleibenden tarifären und mengenmäßigen Beschränkungen in weniger als zehn Jahren aufgehoben werden sollen, signalisieren jüngste Entwicklungen im westeuropäischen Handel mit den Reformstaaten, daß der Protektionismus in Westeuropa zunimmt.«

Protektionismus in Europa indessen ist gesamthaft kontraproduktiv, ja sogar gefährlich, und zwar für beide Seiten. Nur eine Öffnung der westlichen Märkte, wie sie ja mit dem Abschluß der Freihandels- bzw. Europa-Abkommen bezweckt werden sollte, bietet den Ländern Mittel- und Osteuropas eine reelle Chance zur wirtschaftlichen Erholung. Der Zugang zu den westeuropäischen Märkten stellt dabei nicht nur einen Ausgleich für die einstweilen zusammengebrochenen Ostmärkte dar, sondern zwingt die Anbieter aus den Reformstaaten auch zur Produktivitätssteigerung und zu einem Qualitätsstandard, der den westlichen Ansprüchen genügt.

Die Unternehmer Westeuropas sollten ihren Blick nicht länger ängstlich nur auf die niedrigen Lohnkosten im Osten konzentrieren (sie sind wegen der geringeren Produktivität ohnehin zu relativieren), sondern die Vorteile sehen, die sich ihnen bieten. Sowohl die nordamerikanische Freihandelszone NAFTA als auch der Ferne Osten – also die wichtigsten globalen Konkurrenten der Europäer – unterhalten solche Niedriglohngebiete. Der globale Wettbewerb wird die Westeuropäer zu einer vorwärtsgerichteten Strategie früher oder später zwingen, die sich auf die Ausnutzung der Möglichkeiten stützt, welche die Lohnunterschiede und Produktionskosten zwischen Westeuropa und den Reformstaaten Mittel- und Osteuropas bieten. Statt einige wettbewerbsunfähige Sektoren und Firmen im Westen Europas zu schützen, müßten die neuen Chancen in Osteuropa richtig angepackt werden. Die kulturelle Nähe bietet den Westeuropäern einige komparative Vorteile, verglichen zu den amerikanischen und japanischen Firmen. Statt Antidumping-Maßnahmen zu ergreifen, müßte sich die EU etwas Neues einfallen lassen. Die strukturelle Anpassung bzw. Überwindung der Teilung Europas benötigt selbstverständlich viel Zeit und Mittel. Diese müßte einer neuen Philosophie im Sinne eines Marshallplans zur Verfügung gestellt werden. Solange der gesamte Rahmen nicht stimmt, bedeutet die heutige Osteuropa-Hilfe nichts anderes als Brosamen und Leerlauf. Es bedeutet nicht, daß alle Projekte im Rahmen der Osteuropa-Hilfe sinnlos sein müssen. Voraussetzungen für deren Erfolg sind nicht nur, daß Transparenz über laufende Projekte herrscht, sondern auch ein Erfahrungsaustausch und vor allem ein Ost-West-Dialog.

Wenn der Überwindung der politischen und ideologischen Teilung nun auch das Ende der wirtschaftlichen, sozialen, ökologischen und sicherheitspolitischen Spaltung des Kontinents folgen soll, dann erscheint es als eine zentrale Herausforderung der neunziger Jahre, gesamteuropäische Visionen und Lösungen zu entwikkeln. Zu lange hat sich die EU auf das westzentrierte Maastricht-Modell konzentriert. Westeuropa kann im nächsten Jahrzehnt auch ohne Einheitswährung durchaus leben – indessen kann es sich nicht leisten, im Verhältnis zu Osteuropa einer allenfalls auf kurzfristige Vorteile bedachten Strategie der »Trippelschritte« zu folgen.

Es wäre unredlich, wollte man die Gefahren verschweigen, welche die Verhältnisse in Osteuropa für die Westeuropäer bergen. In diesem Zusammenhang sind vor allem drei Aspekte zu nennen:

- Die Altlasten des kommunistischen Systems bilden eine Hypothek, die naturgemäß stärker auf Westeuropa als auf Nordamerika oder Südostasien lastet, was nicht ohne Einfluß auf die internationale Wettbewerbsfähigkeit der Europäer bleiben kann.

- Steigende Arbeitslosenzahlen und soziale Spannungen im Osten machen im Westen deutlich, daß das überlegene Modell der Marktwirtschaft doch nicht einer »Schönwetter-Veranstaltung« gleichzusetzen ist. Vom schwedischen Modell spricht niemand mehr. Das Gespenst der Eurosklerose geht wieder um.

- Nationalistische Ausschreitungen wie in Bosnien drohen auch in anderen Regionen des Ostens, und zwar mit ähnlich verheerenden Auswirkungen.

Dieser Gefahrensituation steht jedoch eine Vielzahl von Chancen gegenüber:

- Durch eine enge paneuropäische Zusammenarbeit kann der alte Kontinent seine Landverbindung mit Asien materiell und ideell besser nutzen.

- Aus der westlichen Hilfe zur Sanierung im Osten ist wiederum Wachstum im Westen zu erwarten.

- Es besteht die Möglichkeit, in Europa kulturelle Bereicherung anstatt Behinderung in den Vordergrund zu rücken, Frieden statt Kriege zu fördern.

Gesamteuropa: Visionen, Zusammenfassung

Wie wird es in Europa weitergehen? Die Überwindung der Teilung Europas sowie der konjunkturbedingten Arbeitslosigkeit erfordert Bereitschaft zum Strukturwandel. Es ist anzunehmen, daß die EU ihre europäische Führungsrolle weiterhin behalten will. Am bisherigen Zeitplan will die EU festhalten: 1996 soll der Währungsunion beitreten, wer dies kann und will, 1999 muß dann beitreten, wer die Stabilitätskriterien erfüllt.

In der Frage der einheitlichen europäischen Währung wird zumindest ein Teil der EU ihre Fähigkeit zu einer gemeinsamen Wirtschaftspolitik wohl unter Beweis stellen. (Gegenwärtig erfüllen nur gerade Dänemark und Luxemburg die strengen Stabilitätskriterien für einen Beitritt zur EU-Wirtschafts- und Währungsunion.)

Schließlich muß und wird die EU die Weichen für eine Erweiterung im Jahre 1995 von zwölf auf vielleicht sechzehn Mitglieder stellen (Österreich, Schweden, Finnland, Norwegen). Eine zusätzliche Erweiterung erforderte dann allerdings einen größeren und energischeren Schritt hin zu einem europäischen Bundesstaat, der diesen Namen verdient. Darin sind sich Befürworter und Gegner der Verträge von Maastricht einig.

Als loser Staatenbund von 18, 24 oder sogar noch mehr Ländern wäre die EU jedenfalls nicht überlebensfähig. Wer trotzdem für ein Europa der »Nationen« plädiert, müßte zugeben, daß er damit eigentlich die Abkehr von der bisherigen EU-Integrationspolitik meint. Dies gilt sowohl für die Befürworter als auch für die Gegner der Verträge von Maastricht, deren Ratifizierung in Europa bisher ohne Beispiel war. Deren Umsetzungserfolg bemißt sich jedoch nicht nur an politischen Idealen, sondern vor allem auch an der praktischen Fähigkeit, die alltäglichen Konflikte in Europa, nicht nur zwischen Mitgliedstaaten, friedlich zu lösen. Positiv wirkt die Tatsache, daß sich die Zwölf regelmäßig an einem Brüsseler Forum treffen und ihre Probleme diskutieren. Dieses Gremium ist für das Gesamteuropa zwar nicht repräsentativ, jedoch in mancher Hinsicht maßgebend.

Der Europarat, der nicht nur die EU-Mitgliedstaaten und die EFTA-Länder, sondern auch die mitteleuropäischen und baltischen Staaten umfaßt, wäre an sich besser als die EU dafür qualifiziert, beispielsweise eine europäische Verkehrs- bzw. Umweltpolitik zu konzipieren. De facto sind die in Brüssel entworfenen und ausgehandelten Regelungen aber schon heute auch für das übrige Europa bestimmend. Drei Erkenntnisse stehen daher am Ende dieser Betrachtung:

1. Die Verträge von Maastricht zeigten unversehens die Grenzen der westlichen Integration Europas auf.

2. Die Zukunft Europas hängt stärker als bisher von der Stabilisierung in Mittel- und Osteuropa sowie in Rußland ab.

3. Will Europa seine Probleme lösen und seine Chancen nutzen, erscheint eine gesamteuropäische Architektur als die eigentliche Herausforderung bereits der neunziger Jahre.

Die gesamteuropäische Vision ist nötig, und sie erfordert großzügige und langfristige Lösungen. Osteuropa ist ein natürlicher Partner des Westens und ein Mittler zwischen Westeuropa und Asien. Auch politisch ist die Gegenseitigkeit bestimmend: Das demokratische Gedankengut wird auf Mittel- und Osteuropa ausgeweitet und von dort aus neu belebt; dem Westen kommt eine Revitalisierung der eigenen Grundwerte zugute.

Die Bedeutung der verschiedenen Kulturen kann als Beitrag zu einer friedlichen Lösung in der Wendezeit betrachtet werden; insbesondere die Sprache ist ein Denkraster: In einer Zeit, in der nach neuen Denkmustern gesucht wird, bietet bereits die sprachliche Vielfalt Europas ein Potential für eigenständige Lösungen. Der Schutz der bestehenden Kulturen und Minderheiten müßte daher auch aus diesem Grunde im Vordergrund der Bemühungen um die Neugestaltung Europas stehen.

Wer gesamteuropäisch denkt, kann um so besser lokal handeln. Lösungen im kleinen sind zu bevorzugen, weil sie rasch und konkret etwas bringen. Hier sind Einsichten in eine besonders komplizierte Ausgangssituation erforderlich. In den Zielländern gibt es nämlich nicht nur sprachliche und kulturelle Eigenheiten, sondern auch Denkmuster und Verhaltensreflexe, die auf das vorherige System zurückgehen.

Sprachkenntnisse und Allgemeinbildung sind Voraussetzung erfolgreicher Projekte in Europa, besonders für Projektleiter und Fachleute, die sich im Rahmen der Osteuropahilfe als Brückenbauer betätigen sollen.

Ein um Mitteleuropa erweitertes Westeuropa wird wohl notgedrungen früher oder später an der Ostflanke direkt mit Konflikten konfrontiert und versucht seine Zäune gegen den Rest der Welt zu errichten. Die Ambiguität der Europäischen Union ist sichtbar: Einerseits bietet die heutige EU den ehemaligen Feinden Frankreich und Deutschland – der Integrationsachse – ein gelungenes Stück friedenssichernder Politik. Andererseits nimmt eine Europäische Union die Gestalt einer neuen Supermacht an – bereits heute zählt sie ca. 340 Millionen Menschen (allerdings nur 6 Prozent der Weltbevölkerung). Besonders groß ist jedoch der Stellenwert der

EU in Europa selbst. Sie bedeckt ca. 41 Prozent des europäischen Kontinents (bis zum Ural). Wer sich der EU anschließt, gehört zur Majorität in Europa.

Europa muß gleichzeitig seine Beziehung zu Rußland, zu den USA, zu China und zu Japan neu gestalten. Die Förderung von internationalen Einrichtungen, die auf humanistischen Werten basieren und gesamteuropäischen Interessen entsprechen, muß auf echtem Verständnis für religiöse und philosophische Grundlagen anderer Kulturen beruhen. Sonst werden die intrakulturellen Auseinandersetzungen eskalieren.

Zusammenfassend kann gesagt werden:

1. Die supranationalen, als konfliktregulierende Mechanismen bewährten EU-Institutionen werden gemäß dem Fahrplan von Maastricht aus- und aufgebaut, so daß die Europäische Union als Föderation im Jahre 2000 entstehen kann.

2. Die EU-Verteidigungspolitik konzentriert sich auf die militärische Sicherung der Ostgrenze und die wirtschaftliche Sicherstellung der handelspolitischen Vorteile innerhalb des GATT.

3. Parallel wird ein Europa der Regionen entstehen. Die Regionalisierung kann den Sezessionstendenzen entgegenwirken, sie kann sie jedoch auch fördern – die nationalen Substrukturen könnten aufblühen. Sogar im marginalen Zustand bergen sie den Keim lokaler Bürgerkriege.

Zu den schon genannten Konfliktherden kommt der Migrationsdruck: Falls sich das heutige Wohlstandsniveau Westeuropas nach Osten ausdehnt, verstärkt sich die Sogwirkung auf die Nachbarn samt den arabischen Völkern Nordafrikas. Die einzige Alternative zu einer massiven Migration nach Europa wäre eine Entwicklungsförderung in den umliegenden Staaten. Dies wiederum ist ohne eine Strukturveränderung auch in Europa nicht möglich.

Wird es den Europäern dennoch gelingen, diese riesigen Aufgaben auf friedlichem Wege zu lösen, so wäre das ein positiver

Beitrag für die gesamte Welt. So oder so braucht Europa neue Mechanismen – auch wirtschaftlicher Natur – für eine beschleunigte Integration der ehemaligen Ostblockländer.

Europa hat diesbezüglich zwei Gesichter: Seiner Vitalität, Originalität und Kreativität steht seine Hilflosigkeit in bezug auf Partikularismus und Nationalismus gegenüber. Sollte es den Europäern gelingen, sich auf ihre positiven Kräfte zu besinnen, wird Europa weiterhin auch für die übrige Menschheit kreative Lösungen anbieten, die das bloß extensive Wachstum überwinden. Die Chancen stehen für Europa trotz allem nicht schlecht, aber ohne Risiko gibt es keinen Gewinn.

Sollte Mittel- und Osteuropa den Anschluß an Westeuropa finden und gemeinsam die Situation auf dem Balkan stabilisieren, steht wahrscheinlich eine lange Wachstumsphase in Europa bevor, denn der Osten Europas hat ein riesiges, bisher nicht genutztes Potential.

Literaturverzeichnis

Michael Brückner, R. Maier, A. Przyklenk, *Der Europa-Ploetz, Basiswissen über das Europa von heute,* Freiburg 1993

Michael Brückner, »Verzicht auf unrealistische Ziele«, in: *Zeitbild* 18/93

Richard N. Coudenhove-Kalergie, *Pan-Europa*, Wien 1923

Georg Dobrovolny, »Das Umdenken hat begonnen«, in: *Zeitbild* 12/93

Johann Galtung, *Eurotopia*, Wien 1993

Walter Hallstein, *Der unvollendete Bundesstaat*, Düsseldorf 1969

Sandor Richter, »East-west trade under growing western protectionism«, in: WIIW-Forschungsbericht Nr. 198, Wien 1993

Peter Sager, *Die Schweiz und Europa*, Bern 1988

Peter Sager, *Freedom first*, Bern 1992

DIE PROBLEME UNSERES FIN DE SIÈCLE

MINDERHEITEN IN EUROPA

Von Peter Sager,
Gründer und bis 1991 Leiter des Schweizerischen Ost-Instituts in Bern

Das Problem der Minderheiten in Europa muß unter verschiedenen Gesichtswinkeln untersucht werden. Ganz allgemein versteht man als Minderheit eine Gruppe von Menschen, die sich durch bestimmte Eigenarten von der Mehrheit unterscheiden, in welche sie eingedrungen oder eingebettet oder welcher sie untergeordnet sind.

Ethnische Minderheiten

Die Sonderungsmerkmale für Minderheiten können mit der Rasse, der Sprache, der Religion und/oder der Kultur verknüpft sein und historische oder zeitgeschichtliche Tatbestände betreffen.

Europa ist als Mosaik verschiedener Stämme in der Epoche der Völkerwanderungen entstanden. Das geschah in Zeiten einer äußerst geringen Mobilität, einer weitgehend autarken Selbstversorgung der Dörfer und eines sehr langsamen Wachstums der Bevölkerung. Dem friedlichen Nebeneinander ethnisch unterschiedlicher Gruppen, die zwischen sich spärliche Kontakte haben konnten oder mußten, standen wenig mehr als Kriege aus Herrschaftsdrang oder Verteidigungszwang im Wege. Nach Karl dem Großen, unter dem weite Gebiete Europas den bisher umfassendsten Einigungsgrad erzielt hatten, wurde das Reich aus dynastischen Gründen aufgeteilt. Prinzen mußten mit Königswürden abgefunden werden.

Die erste industrielle Revolution erleichterte mit der Arbeitsteilung die Bildung regionaler Märkte anstelle des dörflichen Jahrmarktes und steigerte die Mobilität. Es entstanden die Ansätze zum Nationalstaat als einer Gemeinschaft, die politische und kulturelle Eigenständigkeit forderte und förderte, um staatstragende Kraft zu entwickeln. Im wesentlichen bildeten sich die Nationalstaaten um sprachliche Schwerpunkte und übernahmen in oft wechselnden Besitzverhältnissen auch noch gemischte Grenzgebiete mit ethnischen Minderheiten. Wo diese zur Assimilierung gezwungen wurden und sich unterdrückt fühlten, besannen sie sich auf ihre eigene »Nationalität«, die in extremen Fällen in einen revolutionären oder gar terroristischen Nationalismus ausarten kann, in welchem der Humanismus negiert wird. In der Regel konnten mit einiger Toleranz und gelegentlichen Kraftakten nach der Sitte der Zeit die ethnischen Minderheiten einigermaßen bei der Stange gehalten werden.

Zu den historischen Minderheiten kommen wegen der gewaltig einsetzenden Migrationsströme neue, ebenfalls ethnisch definierte Minderheiten aus dem Nahen Osten, Afrika und Asien hinzu. Diese Fluchtbewegungen sind die unmittelbare Folge der Übervölkerung, auch des Wohlstandsgefälles zwischen Erster und namentlich Dritter Welt. Sie bewirken fremdenfeindliche Reaktionen in einem bislang unbekannten Ausmaß.

Weltanschauliche Minderheiten

Nach Ende des Zweiten Weltkrieges ist die Menschheit vom Strudel reißender Entwicklungsgeschwindigkeit erfaßt worden. Neben Nordamerika steht auch Europa im Übergang zu einer noch unscharf konturierten nachindustriellen und postnationalen Gesellschaft, die gekennzeichnet ist durch eine vordem ungeahnte Steigerung des Volkswohlstandes, des Bildungsniveaus und der Mobilität. Parallel dazu schwindet der direkte oder mittelbare Zwang zur Unterordnung unter den »Volkswillen« oder die »herrschende Meinung« mit der Folge, daß sich zunehmend neuartige, nicht ethnisch definierbare Gruppen bilden, die sich als Minderheiten begreifen.

Die dipole politische Parteienstruktur nach angloamerikanischem Vorbild hatte sich auf dem Kontinent längst zu einer oligopolen Parteienlandschaft erweitert. Nun führt die rasche Proliferation politischer Splitterparteien zu einer unübersichtlich pluralistischen und labilen Parteienstruktur, welche die Konsensfindung in bisherigen Staaten gefährdet.

Von den traditionellen Religionen spalten sich immer mehr sektenartige Gruppen ab, die sich oft genug kaum noch als Teil ihrer Kirchen, sondern ebenfalls als Minderheiten verstehen. Auch bilden sich extrem fundamentalistische Strömungen kirchlichen Ursprungs. Schließlich zerfallen sogar die in einem großzügig breiten Kreis ausgelegten kulturellen Einheiten in Subkulturen, denen auch extreme emanzipatorische Bewegungen zugezählt werden können.

Virulenz der Minderheiten

Allen Minderheiten, was immer die Gründe und Geschichte ihrer Entstehung sind, ist heute die unerwartet hohe, potentielle oder offene virulente Militanz eigen. Sie reicht von der verhältnismäßig friedlichen – aber merkwürdigerweise notwendig gewordenen – Konstituierung eines Kantons Jura in der Schweiz und der bundesstaatlichen Neustrukturierung Belgiens bis zum Terrorismus der baskischen ETA und der irischen IRA von seiten ursprünglich ethnischer Minderheiten, bis zur deutschen RAF und vergleichbarer Formationen als weltanschauliche Gruppierungen. Sie hat die Minderheiten im demokratischen Westeuropa ähnlich erfaßt wie jene, die nach der Wende in Zentral- und Osteuropa ihre Eigenart erstmals hörbar bekunden können. Mehr noch: Die Militanz von Minderheiten greift weit über Europa hinaus und manifestiert sich auch in Nordamerika; im Nahen Osten, in Afrika und Asien, dort besonders in Indien, steht der religiöse Fanatismus im Vordergrund, deutet jedoch ebenfalls ein Minderheitenproblem an.

Ganz allgemein und zusammenfassend dargestellt werden die akuten Minderheitenprobleme damit erklärt, daß die Nahtstellen zwischen Stämmen aus der Zeit der Völkerwanderungen locker geworden sind und deshalb aufbrechen, daß die Xenophobie auf das Eindringen fremder Völker in Länder mit erheblicher Arbeitslosigkeit zurückzuführen und daß die Atomisierung der Gesellschaft aus weltanschaulichen Gründen einer mangelnden Bewegungsfreiheit und geistiger Erstarrung in bisherigen Staaten anzulasten ist. Diese Erklärungen weisen darauf hin, wo Minderheitenprobleme auftreten oder zu erwarten sind. Sie sind zudem bedeutsam beim Versuch,

Lösungen zu erarbeiten. Die drei Kategorien von Minderheitenproblemen müssen tatsächlich auf je verschiedene Weise angegangen werden.

Indes beantworten diese Erklärungen die wichtigste Frage nicht, nämlich warum sich alle Kategorien von Minderheiten in der Gegenwart weltweit und mit besorgniserregender Militanz bemerkbar machen. Gerade diese Frage ist jedoch zu stellen, zumal ein tieferes Verständnis für die Gleichzeitigkeit solcher Erscheinungen die Voraussetzung ist für wirksame Lösungen, die allerdings nur langsam angepeilt werden können.

Psychologische Gründe

Die Erfahrung lehrt, daß Minderheiten militant werden, wenn sie sich in ihrer Eigenständigkeit bedroht fühlen, wenn sie sich ohnmächtig glauben, wenn sie zur Assimilierung an Fremdes angehalten werden. Solche Frustration entstand bisher aufgrund von Übergriffen der Mehrheit. Dagegen ist ein breites Instrumentarium institutionalisiert worden, und zwar im Rahmen der Charta der Menschenrechte der UNO und des Europarates sowie des Gerichtshofes für Menschenrechte in Straßburg. Der Minderheitenschutz, der in einer Konvention des Europarates definiert wird und in mehreren Staatsverträgen namentlich der Bundesrepublik bereits fixiert ist, hat sich zudem über Europa hinaus Anerkennung verschafft. Die nationalen Mehrheiten erlegen sich heute eine recht weitgehende Zurückhaltung gegenüber ihren Minderheiten auf.

Ausnahmen sind dort zu orten, wo sich die staatstragende Mehrheit in der Verfolgung ihrer geschichtlichen Aufgabe, die sie sich selber stellt, durch Sezessionsbestrebungen von Minderheiten zu Recht und meistens zu Unrecht bedroht fühlt. So sind beispielsweise die Serben in ihrem Führungsanspruch über Jugoslawien durch die völkerrechtliche Anerkennung der slowenischen und kroatischen Souveränität dermaßen traumatisiert worden, daß sie den Autonomiestatus von Kosovo und der Vojvodina außer Kraft setzten und sich in die Barbarei des grausamen Bürgerkrieges flüchteten. Die »ethnische Säuberung« bewirkt Traumata weit über Jugoslawien hinaus. In den tiefgreifenden Veränderungen nach der Wende in Osteuropa sind solche Entwicklungen auch andernorts zu befürchten, namentlich in den Randzonen der ehemaligen Sowjetunion.[1] Von solch außerordentlichen und zeitbedingten Krisenherden abgesehen, wird man jedoch davon ausgehen dürfen, daß historische Minderheiten künftig doch weniger durch erhebliche Übergriffe ihrer Mehrheiten zu leiden haben werden.

Derweil also die Gefährdung von Minderheiten durch ihre Mehrheiten langsam zurückgeht, ergibt sich als Folge der rasanten technischen Entwicklungsgeschwindigkeit und ihrer sozialen Auswirkungen eine Überforderung praktisch aller Menschen, gleich ob sie einer ethnischen Minderheit oder Mehrheit angehören. Beweis dafür ist eben die neuartige Bildung weltanschaulicher Minderheiten innerhalb ethnischer Mehrheiten. Diese generelle Überforderung muß kurz skizziert werden, damit das Ausmaß der Problematik etwas besser ausgelotet werden kann.

Kulturkritischer Exkurs

Die Epoche der Nachkriegszeit hat Europa die bisher wohl größte Wohlstandsmehrung und damit eine eigentliche Anspruchsexplosion beschert. Im internationalen Verbund hat sie die ungemein schnelle wissenschaftliche und technische Entwicklung ermöglicht. Die Mobilität ist sprunghaft angestiegen, die Kommunikation revolutioniert worden. Gleichzeitig entstanden Sinn- und Wertdefizite. Daraus ergeben sich eine Reihe konkreter Probleme für den einzelnen, die sich zu einer gefährlichen Überforderung mit soziogenetischen Folgen summieren:

- *Relative Übervölkerung.* Der angehobene Lebensstandard führte durch die Ausdehnung des Wohnraumes einschließlich vermehrter Ferienhäuser und Ferienwohnungen zu einer erhöhten Mitweltbelastung des Individuums, und diese zeitigt vielenorts eine

1 Dazu ausführlicher Domaschke/Schliewenz, *Menschen ohne Hoffnung. Flucht aus Europa*, unveröffentlichtes Manuskript, Berlin 1993

relative Übervölkerung. Die Folge sind Gefühle der Klaustrophobie.

- *Absolute Übervölkerung.* Dank der medizinischen und hygienischen Forschungsergebnisse, die unmittelbar der Dritten Welt zugänglich gemacht wurden, steht diese an der Schwelle absoluter Übervölkerung. Das erzeugt Gefühle der Ohnmacht bezüglich der Entwicklungshilfe.

- *Migrationsströme.* Die annähernd absolute Übervölkerung weiter Regionen der Dritten Welt führt zu Fluchtbewegungen in die Gebiete mit der weniger sichtbaren relativen Übervölkerung (Europa und Nordamerika), bedroht die kulturelle Eigenart und politische Eigenständigkeit und weckt xenophobe Aggressionen.

- *Umweltverschmutzung.* Der erhöhte Konsum und die veränderten Verhältnisse im Warenverkehr (u. a. Verpackungen) gefährden das ökologische Gleichgewicht; die Endlichkeit von Energieträgern und Rohstoffen wird einsichtig. Das Ergebnis sind Ängste über die Zukunft des Globus.

- *Mobilität.* Die enorme Mobilität erlaubt in einem ungeahnten Ausmaß Kontakte mit Andersartigem und Fremdem, weckt indes auch Berührungsängste oder bewirkt soziale Entwurzelung.

- *Kommunikation.* Radio, vor allem Fernsehen und insbesondere die Programmvielfalt dank Satelliten sind die Ursache einer Informations- und Unterhaltungsüberflutung, schon bevor die digitale Übermittlung mit völlig neuen Möglichkeiten (z. B. Verzehnfachung der Kanäle) eingerichtet ist. Solche Überschwemmung hat mannigfaltige Konsequenzen, die hier nur angedeutet werden können. Das weltweit demonstrierte Wohlstandsgefälle wirkt belastend – da in Form eines schlechten Gewissens, dort als Emigrationsmotiv. Die sekundenschnellen Berichte über Ausbruch und Ablauf von Katastrophen, die sich über den ganzen

Erdball ereignen, rücken Hilfspflichten in die Verantwortung des einzelnen und führen mit der Zeit zur Abstumpfung. Die ständige Berieselung mit Bild und Ton züchtet passives Verhalten (u. a. leidet die sprachliche Ausdrucksfähigkeit), verändert die Prioritäten des Individuums und staut Aggressionen, die möglicherweise irrational abgeführt werden. Der für den Massenkonsum simplifizierte Einblick in die wissenschaftliche Forschung wirft neuartige moralische Probleme großer Tragweite auf und verursacht Beklommenheiten: Dürfen beispielsweise einer Frau geklonte Eier eingepflanzt werden? Man geht nicht fehl mit der These, daß das Fernsehen die wichtigste Rolle bei der Umformung der Gesellschaft spielt.

- *Zukunftsaussichten.* Die strukturelle Wirtschaftskrise wird nur langsam zu überwinden und die Arbeitslosigkeit – weil Folge der Übervölkerung – mittelfristig überhaupt nicht zu beheben sein. Derweil die Wirtschaftskraft der Ersten Welt schwindet, wachsen die Ansprüche der Dritten Welt und ergeben sich unerwartete und hohe Kosten aus den Wirren nach der Wende in der Zweiten Welt: Die Verluste, die allein wegen der Sachzerstörungen im ehemaligen Jugoslawien anfallen, sind kaum mehr zu decken. Die Erste Welt steht vor einem Abbau ihres Wohlstandes, und daraus resultieren Ängste um den Besitzstand.

- *Integration.* Die steigenden Kosten eines Arbeitsplatzes verlängern die Produktionsumwege und zwingen zu höherer Serienproduktion, mithin zur internationalen wirtschaftlichen Vernetzung im Rahmen länderübergreifender Arbeitsteilung. Damit solche Spezialisierung nicht zu politischen Abhängigkeiten führt, sind juristische Harmonisierung und politische Bindungen zwischen bisher souveränen Staaten unausweichlich geworden. Der staatlichen Unabhängigkeit droht ein Abbau, und der einzelne fürchtet zunehmende Fremdbestimmung.

Mit diesen kurzen und keineswegs erschöpfenden Hinweisen ist die heutige Überforderung des Menschen hinlänglich und einsichtig umrissen. Das Frustrationsniveau steigt gefährlich an, ohne daß jemandem unmittelbar und konkret die Verantwortung zugemessen werden könnte, nicht einer Person oder Personengruppe (Regierung, Parlament, Parteien), nicht einer Regierungs- oder Wirtschaftsform (Demokratie, Kapitalismus, Marktwirtschaft), nicht den Medien, auch nicht einer als übergeordnete und irgendwie bewußt gelenkte Macht verstandenen »Gesellschaft«. Verantwortlich ist vielmehr die Gemeinschaft der Menschen, die großmehrheitlich und aus verständlichen Gründen ihre allseitige Besserstellung postulieren und mit ihrem Konsumverhalten die Entwicklung beeinflussen, ohne die sozialen Auswirkungen umfassend absehen zu können.

Reaktion auf Überforderung

Das menschliche Unbewußte beantwortet Überforderung in der Regel mit Kompensationszwängen. Daher stellt sich die Frage, ob und inwieweit die skizzierte Entwicklung zu Reaktionen führt, die namentlich in Militanz von Minderheiten ausmünden.

Die kulturkritischen Hinweise deuten auf eine Verunsicherung der Menschen; diese haben realen Anlaß, sich in ihrer Eigenständigkeit gefährdet zu sehen, sich ohnmächtig zu glauben und Fremdes assimilieren zu müssen, all das, was gemeinhin den auf diese Weise bedrohten Minderheiten Militanz verleiht. Da mittlerweile nicht allein ethnische Minderheiten solcher Überforderung ausgesetzt sind, sondern schlechthin alle Menschen, ist eine Reaktion zu erwarten, die sich je nach Charakter und Sensibilität des Individuums als überspitztes Sicherheits- und Schutzbedürfnis oder als aggressiven Zwang zu Selbstzerstörung und Zerstörung bekundet.

Nur zur Illustration: Das Bedürfnis der einen erweist sich etwa in sinkender Risikobereitschaft, in der gelegentlich maßlosen Versicherungsfreudigkeit, in der geforderten Regeldichte von Gesetzen zwecks Verhinderung möglicher Härtefälle, in der utopischen Annahme, einen rechtlich durchsetzbaren Anspruch auf Gesundheit, Bildung, Arbeit und Wohnung gegenüber dem Staat zu besitzen. Der Zwang zur Selbstzerstörung anderer wird sichtbar in der wachsenden Drogenabhängigkeit, der ebenfalls wachsenden Suizidrate, in der lebensverachtenden Risikobereitschaft der Mitglieder von »Geister-« und »Dachfahrerklubs«. Der Zwang zur Zerstörung wieder anderer schließlich äußert sich in mannigfaltiger Gewaltanwendung, von der provozierenden, da rechtsverletzenden Ablehnung gesellschaftlicher Normen und Ordnungsregulativen bis hin zum Terrorismus.

Das sind Symptome einer Entwurzelung, die sich in Isolierungsangst ausdrückt, deren Überwindung im Anschluß an eine »Gruppe« gesucht wird und gefunden werden kann. Dies wird am leichtesten erreicht im kleineren, vertrauteren, familiären Kreis, dessen Mitglieder vergleichbaren Werten verpflichtet sind, daher also beunruhigende Infragestellungen wegfallen und Rückhalt zugesichert ist. Dazu bietet sich die ethnische Minderheit als Auffanggefäß ideal an. Wo jedoch eine solche Möglichkeit des unmittelbaren Anschlusses dank sichtbarer Sonderungsmerkmale – Rasse, Sprache, Religion – nicht besteht – und das betrifft vorab die Angehörigen bisheriger Mehrheiten –, bilden sich eben neue und jetzt weltanschauliche Minderheiten, die ihre Gruppenidentität in der (meist aggressiven) Aktivität bekunden. Sowohl das Bedürfnis nach Schutz wie der Zwang zu Aggressivität können eher durch geschlossene Minderheiten als durch offene Mehrheiten befriedigt werden.

Vor diesem Hintergrund ist die Demokratie in Europa ernstlich gefährdet. Ob deren Ende kurzfristig bevorsteht oder ob man den Titel des lesens- und bedenkenswerten Buches von Jean-Marie Guéhenno, *La fin de la démocratie*, optimistisch noch mit einem Fragezeichen versehen darf, hängt von der Persönlichkeitsstruktur des Individuums ab. Eine Gewißheit, daß Volksherrschaft von jener atomisierten Gesellschaft weiterhin zielgerecht ausgeübt werden kann, welche das Allgemeininteresse den Gruppeninteressen leichthin opfert, ist jedenfalls nicht mehr gegeben. Mindestens im Dienst der Freiheit, die bislang ihren sichersten Hort in der Demokratie gefunden hat, drängen sich Überlegungen zur Frage auf, wie das Problem der Minderheiten schrittweisen Lösungen entgegengeführt werden könnte.

Können Minderheitenprobleme entschärft werden?

Dieser Frage ist sowohl unter dem soziologischen Gesichtswinkel genereller Zunahme der Frustration und Aggressivität als auch unter dem politischen Gesichtswinkel spezifischer Minderheitenaggressivität nachzugehen.

In allgemeiner Hinsicht kann gesagt werden, daß eine radikale Eindämmung des Bevölkerungswachstums und, mit der Hilfe der Ersten Welt, auch der Emigrationsströme dringende Notwendigkeit ist. Dieser Erkenntnis wird sich selbst die Kurie nicht mehr lange verschließen können. Da die relative Übervölkerung in der Ersten Welt auch Funktion des Lebensstandards ist und dieser sinkende Tendenz aufweist, dürften als deren Folge ein Rückgang übermäßiger Mobilität und bei wirtschaftlicher Belastung eine geistige Entspannung erwartet werden. Den negativen Auswirkungen der Kommunikationsrevolution wird nur durch eine rasche, breit angelegte und tiefgreifende Medienpädagogik zu begegnen sein. Die wirtschaftliche und politische Integrationsgeschwindigkeit müßte in Europa gedrosselt werden und sich verstärkt konföderalen Prinzipien und ethischen Überlegungen stellen. Die Verankerung der Subsidiarität in der Europäischen Union ist ein erster Schritt in dieser Richtung.

Zudem müssen wir Menschen lernen, daß wir – wenige Ausnahmen bestätigen die Regel – als Träger einer Demokratie dem aufklärerischen Postulat einer geistigen Selbständigkeit auf allen Gebieten und in allen Fragen wegen der zunehmenden Komplexität des Wissens und des Handelns nicht mehr gewachsen sind. Wer sich solches Genügen jedoch vorgaukelt, gerät in ein unlösbares Spannungsfeld zwischen ideellem Anspruch als Ziel und gegebenen Mitteln als Möglichkeit und driftet leicht in den Nihilismus ab.

In besonderer Hinsicht auf die drei Gruppen von Minderheiten können einige Leitlinien formuliert werden.

Die historischen Minderheiten, die sich zur Zeit geringer Mobilität niedergelassen hatten, erbrachten bedeutende Leistungen, die dem kulturellen Erbe der Länder ihrer Mehrheiten zuzurechnen sind. Sie sind konföderal in ihrer Eigenständigkeit zu achten und verdienen, wo notwendig, den Minderheitenschutz auf internationale Vorstellungen hin. Das gilt etwa für Rumänien, das sich mit seinen zahlreichen Minderheiten, besonders mit der ungarischen, schwertut. Auch in der Slowakischen Republik und in Bulgarien sollten Mehrheiten zu verstehen lernen, daß vernünftige Konzessionen an Minderheiten längst kein Schwächezeichen mehr bedeuten und in der Regel im Sinne eines verstärkten Patriotismus beantwortet werden.

Ganz andere Lösungen sind bezüglich der neuen ethnischen Minderheiten in Aussicht zu nehmen. Im Visier stehen dabei nicht die echten politischen Flüchtlinge (in erster Linie von Ost nach West), denen nach wie vor Asyl zu gewähren ist und die sich entweder leicht assimilieren oder aber auf die Rückkehr in ihre Heimat warten, sondern die wirtschaftlichen Immigranten vorab von Süd nach Nord. Sie drängen als proletarische Unterschichtung in einer Zeit hoher Mobilität nach Europa und sind in der Lage, auch dank ihrer Zahl und der ungebrochenen Kommunikation mit ihrem Ursprungsland, der Assimilierung weitgehend auszuweichen. In einer unhaltbaren Gleichsetzung zu den historischen Minderheiten verlangen sie einen mit jenen vergleichbaren Schutz und die Erhaltung ihrer Eigenständigkeit, trotzdem die kulturellen Unterschiede etwa zwischen Türken und Deutschen, Pakistani und Engländern, Tamilen und Schweizern erheblich größer sind als zwischen Pomaken und Bulgaren, Ungarn und Rumänen, Ukrainern und Tschechen, Polen und Litauern. Wenn beispielsweise in Manchester bereits vierzig Moscheen errichtet worden sind, erscheint das als eine doppelte Belastung, weil einerseits eine kontrastreiche Konfrontation in die Wege geleitet wird, andererseits muslimische Länder kaum andersgläubige Flüchtlinge aufnehmen und den Bau christlicher Kirchen oder buddhistischer Tempel – wenn überhaupt – nur mit Schwierigkeiten zulassen.

Die Frage, ob Europa sich angesichts der eigenen Arbeitslosigkeit und relativen Übervölkerung nicht vor solcher Immigration schützen muß, ist gestellt. Dafür spräche der Umstand, daß selbst mit der kaum verkraftbaren Aufnahme von 50 Millionen Menschen aus der Dritten Welt deren Entwicklungsproblem nicht gelöst wird, jedoch der weiteren Bevölkerungszunahme dort Vorschub geleistet würde. Auch der zweite Umstand wäre zu würdigen, daß nämlich ein verarmtes Europa der Dritten Welt keinen Nutzen bringen kann. Endlich ist zu beachten, daß in einem solchen Ansturm das kulturelle Erbe Europas Schaden nehmen könnte. Zweifellos müssen fremdenfeindliche und rassistische Regungen, so bedauerlich sie sind und so konsequent und hart sie in ihren extremen Formen wie jede Gewaltanwendung zu bekämpfen sind, als Zeichen sozialer Belastung sehr ernst genommen werden.

Einen Sonderfall stellen weltanschauliche Minderheiten dar. Splitterparteien, Sekten und Subkulturen haben in der offenen Gesellschaft ein selbstverständliches Recht auf ihr Dasein. Im Dialog mit ihnen ist jedoch immer auch darauf hinzuweisen, daß in den Grundfragen das Allgemeininteresse dem Gruppeninteresse vorangeht, daß in der Demokratie jeder seine Meinung äußern kann, aber niemand einen Anspruch hat, seine Meinung anders als auf demokratischem Weg durchzusetzen. Ansonsten wird der demokratische Mehrheitsbeschluß durch eine Diktatur der Minderheit ersetzt, und das ist keinesfalls zulässig.

Weltanschauliche Minderheiten tragen in sich die Tendenz, sich ausschließlich auf einige wenige Fragen zu konzentrieren (die sogenannte One-issue-mentality), von deren Lösung sie ihr ganzes Heil erwarten. Darum artet gelegentlich ein Missionseifer in Fanatismus aus, der leicht zu Terrorismus verführt. Psychische und physische Gewaltanwendung ist antidemokratisch. Das gilt auch für Minderheiten, die sich als ethnisch ausgeben, tatsächlich aber weltanschaulich ausgerichtet sind und zu kriminellen Organisationen berufsmäßiger Terroristen abgesunken sind. Das kann am Beispiel der spanischen ETA mit seltener Eindeutigkeit nachgewiesen werden.

Zur Zeit Francos wurde der baskischen Minderheit sowohl ein Regionalparlament als auch ein Autonomiestatut verweigert. Als friedliche und demokratische Vorstellungen nichts fruchteten, schritten Basken unter Anrufung des Widerstandsrechts – das in einem nichtdemokratischen Staat gegeben ist – zur Gewaltanwendung. Nach dem Tod Francos wandelte sich Spanien unerwartet schnell zur Demokratie und gestand den Basken Autonomiestatut und

Regionalparlament zu. Trotzdem wurde der baskische Terror fortgesetzt, und zwar grausamer als zuvor, mit mehr Ermordungen und Sachzerstörungen – und dies, obwohl keine neuen politischen Ziele formuliert worden waren.

Das gleiche gilt für IRA und RAF und galt für die Roten Brigaden und ähnliche Organisationen wie die »Action directe«, die der reinen Zerstörung huldigen, ohne konstruktive Pläne vorzulegen. Die IRA beispielsweise hat nicht nur eine ebenso abzulehnende Reaktion extremistischer Loyalisten in Nordirland hervorgerufen, sondern ist bereits in der Lage, als Minderheit Diktate auszuüben. Die notwendige wirksame Bekämpfung des Terrorismus würde daher mehr internationale Anerkennung und Unterstützung verdienen, als bislang den betroffenen demokratischen Regierungen und Völkern zuteil geworden ist.

Die politische Wende in Zentral- und Osteuropa ist zufällig von einer kulturellen Wende in Westeuropa begleitet. Beides summiert sich zu einem rasanten und allein schon deshalb geistig in kurzer Frist kaum zu bewältigenden Umbruch, der in ein nachindustrielles und postnationales Zeitalter weist. Europa steht die schwierige Gratwanderung bevor, ob der notwendigen Vielfalt nicht das kulturelle Erbe, ob der berechtigten Wahrung des kulturellen Erbes nicht die Vielfalt einzubüßen. Beide sind wesentliche Elemente der Idee Europa.

EUROPA IM KRIEG DER WORTE

Von Klaus Emmerich,
ehemaliger ORF-Korrespondent in Washington und Brüssel

»In der Befindlichkeit der Promis sind Erfolgstorys nicht mehr ›in‹, solange der fundamentalistische Trend bombensichere Flops verhindert und die Rahmenbedingungen desintegriert.« Solche nichtssagenden Worthülsen und Sprechblasen, der reine Hohn auf eine gepflegte, der Verständlichkeit verschriebene Sprachkultur, läßt auch Besucher aus der Ferne verzweifeln. Sie, die in der einen, der überlieferten Sprache aufgewachsen sind und die Heimat verlassen mußten, kapitulieren vor modischen Wort- und Satzungeheuern. Sie haben zwar erfahren, wie recht Goethe in den *Maximen und Reflektionen* hatte, wer fremde Sprachen nicht kennt, weiß nichts von seiner eigenen. Die Heimkehrer sind jedoch nicht nur Opfer der Faktoren von Zeit und Mode, die unseren sprachlichen Umgang prägen. Sie erleben auch, wie Sprache immer wieder zur Waffe wird, zum Gebrauchsgegenstand jener Bewußtseinsindustrie, die sich im tertiären Bereich der Dienstleistung zu dem entwickelt hat, was die einen Megadeal nennen und die anderen als Megastar empfinden: Wenn modische Akteure im Grenzbereich von bewußt und unbewußt mit ihrer »Trendsetterei« recht behalten sollten, so bestätigen sie zugleich Karl Kraus, den allezeit zitatfähigen Wiener Berufszyniker: »Die deutsche Sprache ist die tiefste, die deutsche Rede die seichteste.«

Sprache – Amerikaner nennen sie Seele des Intellekts – lebt seit Menschengedenken im Spannungsfeld gepflegten Denkens, geübten Verbrauchs und gekonnter Aufnahme. Schon hier bieten sich Möglichkeiten und Grenzen von Sprache und Geist. Wahrheit hat es in diesem Spannungsfeld nicht leicht, französische Logik offenbart es. Wurde die Sprache dem Menschen gegeben, um seine

Gedanken auszudrücken, wie es Molière sieht? Oder hat Talleyrand recht? Der bemerkte: Die Sprache wurde dem Menschen gegeben, um seine Gedanken zu verbergen. Eine zeitlose, eine modenfreie Spannweite. Auch die Politik lebt in der Sprache und vollzieht sich mit Tradition, Geschichte, Gegenwärtigem und Zukünftigem in ihr. Achtet die Politik unserer Tage die Sprache? Liebt sie sie gar? Wer mit seiner Sprache nicht zurechtkommt, kann auch sein Volk nicht achten und lieben. Wer mit seiner eigenen Sprache nicht »ankommt«, braucht auf die Rechnung nicht lange zu warten. Sie lautet auf Politikverdrossenheit. Die Medien seien an allem »schuld«, lautet dann das gängige Zuweisungsrezept. Indem der Spiegel mit der Handlung verwechselt wird, entsteht schon im kleinen ein »Krieg der Worte«.

Mit schier unausweichlicher Regelmäßigkeit erlebt nahezu jede Generation dieses – gefährliche – Wechselspiel. Im Kräftefeld von öffentlicher und veröffentlichter Meinung setzt die Auseinandersetzung bei der Wortwahl an; sie endet in einer Verunglimpfungskampagne. Fehler hier, Negativismen dort, da bleibt der Massenpresse nur noch »Na bum«. Wahrheit und Verständlichkeit bleiben auf der Strecke. Ein auf das andere Mal bedingen die jeweils gleichen Denkschemata im Wortkrieg, der oft mit Wortspielen beginnt, eine gleiche, zumindest vergleichbare Sprachenregie: Wer die Macht ausübt, beklagt sich über die falschen, irreführenden Stichworte; wer zuschaut, beanstandet die meist unverständlichen Politdialoge, die da auf offener Szene Inhalte vermitteln sollen, und die, die draußen vor der Tür bleiben mußten, erfahren durch die mediale Vermittlung verzerrt, verbogen, verwischt, verdrängt oder verdammt »Extra ecclesiam nulla salus« – dem Volk soll kein Heil außerhalb der Kirche geboten werden. Soweit das Volk die Sprache versteht, wird sie einmal zum Beruhigungsmittel, ein anderes Mal zum revolutionären Element.

Wie in einem Repertoiretheater bleibt die Szene gleich, oft auch die Dekoration. Was sich ändert, ist die Besetzung. Regierende und Opponierende agieren im Freund-Feind-Verhältnis. Man beliebt, schwarzweiß zu malen. Die Sprache der einen ist auf sinnstiftend angelegt, jene der anderen auf sinnzerstörend. Machthaber und

Machtkontrolleure wollen und können sich von der politischen Sprache und ihrer oft zerschlissenen Routine nicht lösen. Stehsätze von »Verständnis«, »Fortschritt«, »Kompromiß« oder »Klarstellung« werden zum Ritual. Gute Vorsätze halten dem harten Alltagsgeschäft politischer Entscheidungsprozesse dabei kaum stand. Sie bestehen immerhin im Streben nach unmißverständlicher, also klarer Sprache. Schon die Absichten scheiden dann die Geister, wenn es um die Strategie geht. Seit Jahrzehnten sehen viele den Wandel der Gesellschaft durch die Sprache geschehen. Evolution und Revolution verkümmern in sprachlicher Hinsicht zu einem Nuancenunterschied. »Ums Eingemachte« dreht sich jedoch die Sprachstrategie. Sie setzt beim Wortschatz von Gebildeten an. Für sie umfaßt die Alltagssprache etwa 10000 Wörter. Dazu kommen mindestens 60000 bis 70000 Begriffe einzelner Fachsprachen, deren Zahl beispielsweise von der Medizin oder der Weltraumtechnik auf etwa 400 veranschlagt wird. »Es gibt Momente, wo ich finde, daß die Sprache noch gar nichts ist«, schreibt Beethoven 1802 an seine »unsterbliche Geliebte«. Bald zweihundert Jahre später erfährt der Zeitgenosse, wie recht das musikalische Genie hat, wenn er auf Reisen – etwa beim Arzt – Beschwerden präzise und unmißverständlich erklären soll.

Konrad Adenauer erweist sich auch bei gehörigem zeitlichen Abstand als ein Sprachmeister seines Fachs – der Politik. »Nur die dümmsten Kälber wählen ihren Metzger selber«, meinte er im Oktober 1963, als im Westen wieder einmal hin und her diskutiert wurde, ob und inwieweit eigene Überflüsse an Nahrungsmitteln eingesetzt werden sollten, um die Versorgungsschwierigkeiten der damaligen Sowjetunion mildern zu helfen. Kapitalisten stehen Kommunisten bei? Schon diese Wortwahl verdient relativiert zu werden. Westliche Gesellschaften, damals wie heute in vielerlei Mischformen sozial oder marktwirtschaftlich organisiert, empfinden die pauschale Einordnung als »Kapitalisten« wie die Propagandaformel aus der ehemaligen Abteilung Verunsicherung des Zentralkomitees der Kommunistischen Partei der Sowjetunion. Und die westliche Simpelformel »Kommunisten« wurde im Osten selbst auf dem Höhepunkt des kalten Krieges als ein Teil westlicher Verunglimpfungspropaganda empfunden. »Sozialismus« gerät dabei leicht in einen Begriffsalat. Im Westen als Teil der Gewaltenteilung, des Parlamentarismus und des demokratischen Machtwechsels außerhalb jeden Zweifels, hält sich der nämliche Begriff »Sozialismus« im Osten – früher mit bewußter und gewollter Irreführung – als Tarnobjekt oder überzogene Selbstverantwortung für kommunistische Unfreiheit, Staatskapitalismus und ideologisierten Polizeistaat.

Per saldo blieben sich die Blöcke ideologisch und gesellschaftspolitisch in der Wortwahl gegenseitig wohl wenig schuldig. Schlüsselworte unterschiedlichen Inhalts werden zu Angriffswaffen. Dem Gegner wird mit der Wortwahl »Reform« gegen »Privilegienabbau« die Taktik aufgezwängt und der strategische Bewegungsspielraum eingeengt. Wenn die Revolution der Gesellschaft wirklich durch die Sprache abläuft, ergeben sich intellektuell Kontrollmechanismen. Begriffe wie »Handeln statt Reden« oder »Wir sind die Zukunft« zu besetzen erleichtert den gesellschaftlichen oder politischen Angriff. Gelingt er, so werden durch Denkprozesse zuerst Inhalte geschaffen oder ausgefüllt. Wortwahl wird zur eigentlichen Politik. Ihr Transportmittel heißt Kritik, wenn es um die Macht geht, etwa darum geht, Wahlen zu gewinnen. Dahinter bleibt jedoch die Strategie gültig, eigene Vorstellungen zu verfolgen – etwa zwischen links und rechts im politischen Spektrum. Taktische Zweckmäßigkeit, einen Machtwechsel herbeizuführen, durchzuhalten und als Machtinhaber zu verteidigen, gerät im Krieg der Worte auswechselbar. Die jeweilige Ideologie bleibt. Sie kann fallweise in der eigenen, offenen Sprache eingesetzt werden oder auch mit sprachlicher Tarnung.

Die Wertegesellschaft liefert dafür altbewährte Beispiele. Es bietet sich in der Massengesellschaft geradezu an, Begriffe wie »Gerechtigkeit«, »Gleichberechtigung«, »Mitbestimmung« zum Gegenstand pauschaler Sprachbesetzungen zu machen. Verfeinerung der Gedanken und der Sprache verwirrt lediglich, verzögert und gefährdet den politischen Erfolg.

Ein Wort bietet sich als Mehrzweckwaffe, oft als eklatanter Mißbrauch im Wortekrieg an – Frieden. Allein die Tatsache, daß die Wortwahl radikal erfolgt, um einem hehren Ziel zu dienen, zeigt: Worte können wahre Absichten ebenso offenbaren wie verschleiern. Werden schon Gebildete und Kenntnisreiche einmal zu Opfern und einmal zu Tätern, so verkommt das Wort Frieden für die Unwissenden, also die breite Masse, zu einem blassen, manchmal schäbig gewordenen Fixierbild. »Frieden« eignet sich jedenfalls nicht (oder nicht mehr), im Wörterkrieg von einer Seite gleichsam besetzt zu werden. Die Politik hat das Wort prostituiert. Seine Glaubwürdigkeit ist von den Ereignissen – seit 1945 über drei Dutzend Waffengänge mit über 25 Millionen Toten, zuletzt (und immer noch) im ehemaligen Jugoslawien – zerfetzt worden. Und wieder leidet die Glaubwürdigkeit der Politik und ihrer Akteure. Für den Rest ihrer Glaubwürdigkeit fehlt (noch) der richtige Begriff.

Jedermann verweigert die Sprache. Der Durchschnittsbürger entzieht sich dem Krieg der Worte, seitdem ihm bewußt geworden ist, wie oft und wie folgenschwer in der Wirklichkeit geschossen wird. Was bleibt, ist ein hohes Maß an Verwirrung – gedanklich und damit sprachlich. Die Auflösungserscheinungen kultureller Selbstverständlichkeiten, seit Jahrzehnten beklagt, beschleunigen sich verhängnisvoll. Sprachlosigkeit, weit verbreitet, macht ein Revolutionieren der politischen Sprache schon gar nicht mehr möglich. Es fehlen die Worte, weil die Gefühle verkümmern. Diesen Verfallsprozeß aufzuhalten oder umzukehren ist es zwar nie zu spät, doch was hilft die beste Erkenntnis einer elitären Minderheit, wenn sich die Mehrheit, der hohlen Worte müde, dem öffentlichen Zugang verwehrt, gleichsam ins Privatleben verschwindet und die Auseinandersetzung, den Krieg der Worte, zu einer Expertenangelegenheit verdünnt?

Putzfrau oder *Raumpflegerin*? *Sekretärin* oder *Assistentin*? *Arbeiter* oder *Experte*? *Angestellter* oder *Mitarbeiter*? Die kleine Alltagssprache zeigt immerhin die Fähigkeit zu gefälliger Modernisierung. Neuprägungen bietet nicht nur die deutsche Sprache an. Was von Land zu Land an Waren, Kapital und Dienstleistungen bewegt wird, schlägt sich zuerst in der Arbeitssprache und dann in der Umgangssprache nieder. Die technische Revolution, die sich schubweise in arbeitsteiligen Volkswirtschaften höchsten technischen Standards vollzieht, bedingen auch entsprechende Wortschöpfungen samt Wortgebrauch. Allein die Welt der Computer verwandelt den Sprachschatz vom Kindergartenalter an (»Wo ist deine Diskette?«). Wie seinerzeit der Strom, das Auto oder das Flugzeug besetzt der technische Fortschritt ganze Wortfelder. Einzelne Fachsprachen überfordern wohl weniger als der Bedarf, zu kombinieren, den Zwang zu verstehen und die Möglichkeit, miteinander auf der gleichen intellektuellen Ebene umzugehen. Die Sprache aller Experten als Summe sämtlicher Erkenntnisse? Selbst der leistungsfähigste Computer ist bei derart zahlreichen Eingaben überfordert.

Zerstört und vergewaltigt also unsere überindustrialisierte Epoche die Sprache? Werden wir sprachlos, weil wir einander nicht mehr verstehen? Fischen jene im trüben, die daraus denkerisch ein Unbehagen und sprachlich dann doch wieder eine Waffe, etwa gegen *die* Technik oder *den* Fortschritt, machen? Durch die Hintertür unserer komplizierten Umwelt taucht Gesellschaftskritik und damit Gesellschaftspolitik immer wieder auf und trägt zur zusätzlichen Verwirrung bei. Aus Worten (*Gerechtigkeit*) werden Phrasen (*Neuanfang*), aus Phrasen Machtansprüche (*Zeit zum Wechsel*). In Wahrheit wird ein Austausch der Eliten begehrt. Fehlt die Ordnung der Denkkategorien, so versagt auch die Sprache.

Haben wir uns schon angewöhnt, aus Zeitmangel oder anderen Gründen in sprachlichen Kürzeln miteinander umzugehen, so perfektioniert der modebewußte Denker durch Kürzel. ACNAT stellt nicht nur für EU-Bürokraten den guten Inhalt sprachlich auf den Kopf: Action Communautaire pour la conversation de la Nature. Oder ARION: Actieprogramma Reizen met een instructief Karakter voor Onderwijsspecialisten (Gesamteuropäische Initiative zur Förderung der Zusammenarbeit der Bildungsexperten). BC-Netz: Business Cooperation Network. BRITE: Basic Research in Industrial Technology for Europe. COMETT: Community Action Programme in Education and Training for Technology. EFRE: Europäischer Fonds für regionale Entwicklung. ERASMUS: European Community Action for the Mobility of University Students. JET: Joint Europeans Torus (Gemeinschaftsprojekt zur Kernfusion). Das Fassungsvermögen des Bürgers ist längst überfordert.

Nicht nur Poeten sind in die Sprache verliebt. Auch Bewahrer und Veränderer sind sich ihrer Bedeutung bewußt. Wie beim Recht stellt sich dabei prinzipiell die Frage, ob Sprache Bedürfnisse und auch Veränderungen der Gesellschaft vorwegnimmt oder nachvollzieht. Wer opponiert, betrachtet fordernde Sprache als natürlichen Verbündeten. Raffinierte Verteidigungsstrategen der Machtinhaber jedoch besetzten Begriffe und Worte wie in einer Art gesellschaftspolitischer Vorwärtsverteidigung. Schon der Begriff *Gesellschaft* wird dabei zu einem Sammelobjekt politischer Strategie wie *Demokratie.* Schließlich reduziert es sich zu einer Frage der Technik der Auseinandersetzung, ob die politische Sprache durch Kampfbegriffe eingesetzt oder beurteilt wird. Was rechts unter »Werten« wie Ordnung, Recht, Freiheit oder Familie läuft, und links unter Bewußtsein, Freiraum, Emanzipation oder Gleichheit rubriziert wird, verträgt zwar die Umschreibungskünste der Public-Relations-Branche. In der Verständnisdichte jedoch geht es schließlich nicht um den geprägten Begriff, kaum um den verbreiteten Begriff, sondern schließlich um den verstandenen Begriff. Ein politisches Vokabular, das über die Köpfe der Mehrheit hinweg zirkuliert, verliert seine Wirkung in beiden Richtungen – der Bewahrung oder der Veränderung.

Sprache zu beherrschen beschränkt sich normalerweise auf Handwerkliches. Elemente klassenkämpferischer Gegenreformation jedoch stecken im Begrifflichen und können über Nacht zur Waffe werden. Dann plötzlich sprengt das Wort die Gewohnheit. Was lange Zeit als unbestritten, unverrückbar und unangreifbar gilt, wie die Verfassung, die Gesetze oder die Autorität des Staates, gerät unversehens unter den Druck des Zweifels. Eroberte Begriffe zurückzugewinnen, etwa »mehr Demokratie wagen«, erfordert in jedem Fall mehr als eine überstürzte Sprachoffensive. Sind Sprachinhalte erst einmal durcheinandergeraten, so hat Ordnung Seltenheitswert. Die jeweils andere Seite pflegt dann Verschwörungstheorien anzuhängen. Man denunziert den Gegner des Sprachimperialismus.

Im Sprachenstreit dient die Ideologie als abgelagerte Munition. Gefeuert wird dann wiederum oft mit Argumenten der Semantik, die sich dem Bewußtsein vieler Ge- und Betroffenen entzieht. Sie begreifen kaum und sind reif für politischen Mißbrauch. Wahlgewinne bzw. -verluste lehren es. Eine besondere Art des Kampfes vollzieht sich durch Tarnung. Man sagt Demokratie und meint Einparteienmacht. Man spricht von Gerechtigkeit und nimmt Ungleichheit entweder in Kauf oder provoziert sie. Man verspricht Mitwirkung und tarnt damit den eigenen Machtanspruch. Das gute, alte Sprachinventar gerät politisch ins Versatzhaus. Sprachstrategien hören schließlich auf, wenn mangels Masse ein System Konkurs anmelden muß. Die Bürger Osteuropas haben dies vielfältig erfahren. Jahrzehntelang hat ihnen kommunistische Semantik zumeist etwas vorgemacht und schließlich ihre Mentalität verzogen.

Wie eine neue Ordnung mußte die Mitte Europas, selbstbefreit, auch eine neue politische Sprache finden. Flucht aus Zentralverwaltung, Polizeistaat und Unterversorgung vollzog sich freilich nicht sprachlos. Im Gegenteil, Grundwerte wie Freiheit, Individualität oder Subsidiarität, seit Jahrzehnten vermieden und verschwiegen und damit scheinbar vergessen, erweisen sich als lebensfähig. Neue Umstände haben die alte politische Verständigung wiederbelebt. Die wahre Bedeutung der Worte erweist sich als ein Friedenselement im »Kampf der Sprache«. Wo einst ein eiserner Vorhang abschottete, kann die Liebe zur eigenen Sprache offen zur Schau getragen werden. Vertrautheit, jahrzehntelang nur heimlich gepflegt, braucht die Öffentlichkeit nicht mehr zu scheuen. Und eine neue politische Sprache gebietet Ehrfurcht und entlarvt jene, die bis zum befreienden Wechsel geglaubt haben, mit inhaltslosen Worten, mit Phrasen und mit sprachloser Gewalt den Menschen das Wichtigste zu nehmen, was es gibt – den Austausch ohne Furcht und ohne Scheu. Jetzt ist die Sprache in ganz Europa wieder da, wo sie ihren kulturellen und auch politischen Auftrag am besten erfüllen kann – im Freiraum des Denkens, der den wahren Wert der Worte mißt. Hoffnung, unverantwortlich lang geraubt, kehrt heim. Seitdem die Spaltung Europas überwunden ist, gehört auch die Spaltung der Sprachen der Vergangenheit an. Sprache wird frei gebraucht und frei verstanden. Wahrlich eine neue, eine beständige Hoffnung für ganz Europa.

EUROPAS FINANZMARKT UND WÄHRUNG – AUF DEM WEG ZUR WELTSPITZE?

Von Martin Kohlhaussen,
Sprecher des Vorstandes der Commerzbank AG

> *»Die höchste, zur Zeit* realisierte *Einigung der Individuen unter dem Rechtsgesetz ist die des* Staats *und der* Nation*; die höchste* gedenkbare *Vereinigung ist die der* gesamten Menschheit. *Gleich wie das Individuum im Staat und in der Nation seine individuellen Zwecke in einem viel höheren Grade zu erreichen vermag, als wenn es allein stünde, so würden alle Nationen ihre Zwecke in einem viel höheren Grade erreichen, wären sie durch das Rechtsgesetz, den ewigen Frieden und den freien Verkehr miteinander verbunden.«*
>
> *»Der* internationale *Handel, indem er durch Hervorrufung neuer Bedürfnisse zur Tätigkeit und Kraftanstrengung anreizt und neue Ideen, Erfindungen und Kräfte von einer Nation auf die andere überträgt, ist einer der mächtigsten Hebel der Zivilisation und des Nationalwohlstandes.«*
>
> *Friedrich List*

Der bedeutende deutsche Ökonom Friedrich List ist weithin als Theoretiker und politischer Vorkämpfer eines einheitlichen nationalen Marktes – Abbau innerer Zollschranken – bekannt. Diese Zielsetzung entsprach dem Entwicklungsstand seiner Zeit und seines Landes. Wie das angeführte Zitat aus seinem 1841 erschienenen Hauptwerk (*Das nationale System der politischen Ökonomie*) zeigt, nahm er jedoch bereits Zusammenschlüsse auf höherer Ebene – zwischen Nationen – vorweg und betonte zugleich die Offenheit nach außen, die stimulierende Wirkung des freien Welthandels. Vielen gilt er hingegen lediglich als Verfechter – zeitlich befristeter – »Erziehungszölle«.

Neben der Schaffung eines großen nationalen Marktes – durch Abbau interner Schranken – setzte sich List für eine gemeinsame Verkehrsinfrastruktur ein (damals Eisenbahnen) als wesentliches Mittel, um diesen größeren Markt zusammenzuschließen. Auf das heutige Europa übertragen, entspräche dies nicht nur dem Aufbau transnationaler Netze bei Eisenbahn, Straßen, Telekommunikation und Energieversorgung, sondern wohl auch einer grenzüberschreitenden Finanzinfrastruktur, wie sie durch Kapitalverkehrsliberalisierung, Dienstleistungs- und Niederlassungsfreiheit für Finanzinstitute sowie schließlich die Währungsunion ermöglicht wird.

Historische Analogien

Die heutige europäische Integration ähnelt in vielerlei Beziehung der – verspäteten – Bildung von Nationalstaaten im 19. Jahrhundert. Die politische Landkarte Deutschlands und Italiens glich damals einem Flickenteppich. Die vielfältigen Trennungen durch territoriale Herrschaften, Rechtsordnungen und Währungen erwiesen sich für die sich entwickelnden Volkswirtschaften als hinderlich und mußten daher beseitigt werden.

Nicht alle Zeitgenossen werden diese Reformen mit Begeisterung unterstützt haben. Manchen mag die Veränderung als überstürzt erschienen sein, die Aufgabe von Vertrautem und Gewohntem als Verlust. Nicht zuletzt dürfte die Vielfalt des Münzwesens als Stück heimatlicher Identität gegolten haben. Berechtigte Abneigung wird die Form der damaligen Vereinigungsprozesse ausgelöst haben, jene hegemoniale Lösung mit Preußen und Piemont. Dennoch wurden sie im Ergebnis – im Zeitverlauf zunehmend – akzeptiert.

Die heute in Europa praktizierte kooperative, auf Gleichberechtigung basierende Form der Integration sollte solche Widerstände eigentlich von vornherein ausschließen. Vor jedem weiteren Schritt stellt sich dennoch die Frage seiner Notwendigkeit und Berechtigung, nicht zuletzt die Frage seines praktischen – wirtschaftlichen – Nutzens sowie möglicher Nachteile und Kosten. Gemeinsamer Finanzraum und einheitliche Währung stellen schließlich keinen Wert an sich dar.

Dabei stellt sich heute nicht die Frage, inwieweit in Europa durch einen Zusammenschluß von Märkten – speziell Finanzmärkte und schließlich auch Währungen – Vorteile für alle Beteiligten erzielt werden, sondern auch inwieweit die neu geschaffenen Einheiten weltwirtschaftlich an Gewicht gewinnen – mit wiederum positiven Rückwirkungen für die Europäer: die Perspektive also eines europäischen Finanzraums mit einer Währung, die weltweit eine Spitzenstellung einnimmt.

Diese Stellung hatte Europa in der Neuzeit einmal eingenommen. Allerdings wurde London als weltweit führendes Finanzzentrum zu Beginn dieses Jahrhunderts von New York abgelöst. Das Pfund Sterling verlor seine Stellung als Weltwährung an den Dollar, der erst recht nach dem Zweiten Weltkrieg eine unangefochtene Dominanz erhielt. Die später nachgerückte D-Mark erreicht in ihrer Bedeutung nur einen Bruchteil der amerikanischen Währung.

Kosten und Nutzen

Bisherige Untersuchungen konzentrieren sich ganz überwiegend auf die unmittelbaren Effekte von Finanzmarkt- und Währungsintegration, kaum dagegen auf jene, die sich aus der in Folge veränderten weltwirtschaftlichen Position ergeben.

Zunächst bringt ein größerer Finanzmarkt mit einheitlicher Währung zusätzlichen Nutzen in Form verbilligter Transaktionskosten, größerer Markttransparenz und größerer Sicherheit für Investitionen. Der die Vorteile des Binnenmarktes untersuchende Cecchini-Report (1988) gibt an, daß die Wachstumsimpulse allein zu einem Drittel auf einen effizienteren Finanzdienstleistungssektor zurückgehen. Die EG-Studie *»Ein Markt, eine Währung«* (1990) beziffert die Kosteneinsparungen der Unternehmen durch Abschaffung der nationalen Währungen auf rund 15 Milliarden ECU pro Jahr. Mehr Wettbewerber in einem größeren Markt sorgen für Preisdruck.

Wenn einzelne nationale Finanzmärkte nicht mehr nach außen abgeschottet sind, entfällt der privilegierte Marktzugang öffentlicher Stellen und damit Crowding-out-Wirkungen. Partielle Ertragseinbußen der Banken, etwa im innereuropäischen Devisenhandel, können durch die größere Dynamik der gesamten Wirtschaft kompensiert werden.

Hinzu kommt der Nutzen aus der weltweiten Bedeutung einer europäischen Währung. Da rund die Hälfte des innereuropäischen Warenaustauschs nicht mehr als »Außenhandel« zählen wird, kann die Hälfte der Währungsreserven eingespart werden. Bezogen auf die Ende 1992 vorhandenen offiziellen Devisenbestände sind dies 120 Milliarden ECU. Das Statut der Europäischen Zentralbank sieht nur Währungsreserven bis zu 50 Milliarden ECU vor.

Da die europäischen Devisenreserven bisher ganz überwiegend in Dollar angelegt sind – im Falle der Deutschen Bundesbank sogar zu 98 Prozent –, ergeben sich Folgen für das weltweite Gewicht der Hauptreservewährungen.

Bei diesen hat sich die Dominanz der amerikanischen Währung bisher nur gemildert. Immerhin ist ihr Anteil an den Devisenbeständen aller Zentralbanken von fast 80 Prozent Mitte der siebziger Jahre auf nunmehr 65 Prozent zurückgegangen. Der D-Mark-Anteil bewegt sich inzwischen in einer Größenordnung von 15 Prozent. Auch bei Einschluß anderer europäischer Währungen, insbesondere Pfund Sterling und Französischer Franc, steigt der Anteil kaum über 20 Prozent, was dem realwirtschaftlichen Gewicht Europas in keiner Weise entspricht.

Auch die stärkste nationale Währung Europas wird letztlich keine Alternative zum Dollar darstellen können, wohl aber eine europäische Einheitswährung, auch wenn sie zunächst nur von einem Kern von Hartwährungen gebildet wird. Im Kreis dieser Länder mindert sich – wie oben dargelegt – der Bedarf an Dollarreserven. Zugleich würden viele Drittstaaten einen Teil ihrer Dollaranlagen in ECU tauschen. Dies gilt nicht zuletzt auch für weltweit operierende private und institutionelle Investoren.

Die neue Europa-Währung könnte somit jene kritische Masse erreichen, die sie mit der amerikanischen Währung gleichziehen ließe. Deren vorherrschende Stellung im Devisenhandel hat sich bisher nur wenig verringert. Die Tiefe des Dollarmarktes und die breite Palette von Dollarprodukten machen die Währung zur idealen Devise auch zur Absicherung von Zins- und Wechselkursrisiken. Nur ein europaweiter Finanzraum könnte vergleichbare Größenordnungen darstellen.

Zusammenwachsen der Finanzmärkte

Die nationalen Finanzmärkte Westeuropas sind zwar in den letzten Jahren stark zusammengewachsen, einen einheitlichen Finanzraum stellen sie aber noch nicht dar – nicht nur wegen der Währungsvielfalt. Dennoch: Der rasche Veränderungsprozeß ist unübersehbar. Westeuropäische Kapitalmärkte spielten etwa aus Sicht deutscher Anleger noch vor fünfzehn Jahren eine sehr untergeordnete Rolle. Mitte der achtziger Jahre hatten sie bereits mit dem bisher dominierenden amerikanischen Markt gleichgezogen. Seit Beginn der neunziger Jahre steht Westeuropa mit Abstand an der Spitze – eine Entwicklung, die durch neuerliche Krisen im Europäischen Währungssystem (EWS) allerdings gestört werden könnte.

Ausschlaggebend für die starke innereuropäische Kapitalverflechtung – im Falle von Portfolio-Anlagen – war die im EWS erreichte Wechselkursstabilität sowie die Kapitalverkehrsliberalisierung, flankiert durch die Niederlassungs- und Dienstleistungsfreiheit für Banken.

Insoweit bleibt das Erreichte noch ungesichert und gefährdet – insbesondere durch Währungsturbulenzen, die auch zu Belastungen der realwirtschaftlichen Integration führen können. Hinzuarbeiten auf eine Währungsunion, die durch ausreichende wirtschaftliche Konvergenz solide fundiert ist, dient also auch der Absicherung von bisher Errungenem.

Die Währungsunion ist allerdings kein Wundermittel zur Lösung aller Probleme und zur Beseitigung aller Integrationshindernisse. Auf dem Weg dorthin müssen andere Steine weggeräumt werden, die Separierungen des einheitlichen Finanzraums darstellen. Dies gilt insbesondere für die stark unterschiedliche steuerliche Belastung von Kapitalerträgen. Anzustreben wäre wohl ein Mindestsatz, der allerdings so niedrig bemessen sein müßte, daß es nicht zu steuerlich bedingten Kapitalabflüssen aus Europa kommt. Letztlich wird eine sinnvolle Lösung nur in einem größeren Rahmen, über Europa hinaus, möglich sein.

Mit dem Richtlinienwerk für Banken hat die EG-Kommission zwar wesentliche Voraussetzungen für einen einheitlichen Bankenmarkt geschaffen, der Markt selbst ist aber erst im Entstehen – die Angleichung unterschiedlicher Strukturen stellt einen langwierigen Prozeß dar, der nicht frei von Komplikationen sein wird. So existiert seit 1993 der einheitliche Europapaß für Banken im engeren Sinne, und für spezialisierte Wertpapierdienstleister wird es die europaweite Zulassung – gegenseitige Anerkennung der Lizenz des Heimatlandes – voraussichtlich erst ab 1996 geben.

Daß es zu einer Zweiteilung von Bank- und Wertpapierrichtlinien kam, ist Ausdruck unterschiedlicher Strukturen in Europa, hat aber auch Konsequenzen für die Angleichung dieser Strukturen und den Wettbewerb der Finanzinstitute. Einerseits zeigt sich ein – im übrigen weltweiter – Trend in Richtung Universalbanksystem, weil dieses System praktische Vorteile aufweist, andererseits werden nun durch gesetzliche Regulierung Präferenzen für Wertpapierhäuser geschaffen, so durch ein wesentlich niedrigeres Anfangskapital im Vergleich zu Banken. Eine Wettbewerbsverzerrung kann sich auch dann ergeben, wenn Wertpapierfirmen in der Kapitalunterlegung des laufenden Geschäfts deutlich bessergestellt werden. Die Gewichtung unterschiedlicher und nicht ohne weiteres vergleichbarer Risiken erschwert die Lösung des Problems.

Finanzplatz-Wettbewerb

Europa ist durch eine Vielfalt wichtiger Finanzzentren geprägt. Ihr Wettbewerb untereinander hat den Deregulierungsprozeß erleichtert und zu verbesserten Dienstleistungen geführt. Gefragt wird, ob es in einem künftigen einheitlichen Finanzraum zwangsläufig zu einer Konzentration auf *ein* führendes Zentrum kommen wird. Die Frage wurde im Vorfeld der Sitzentscheidung über die Europäische

Zentralbank gestellt, war allerdings schon mit dem Hinweis auf andere Länder zu beantworten: In den Vereinigten Staaten, der Schweiz oder in Italien ist der Sitz der Währungsbehörde ein anderer als der des Hauptfinanzplatzes.

Hinzu kommt, daß das künftige Europäische Zentralbanksystem dezentral angelegt sein wird. Die Geldpolitik wird zwar in einem zentralen Gremium entschieden, dann aber von den nationalen Zentralbanken umgesetzt. Diese föderale Struktur sowie unverändert bestehende nationale und kulturelle Unterschiede sorgen dafür, daß auch die Vielfalt der Finanzplätze erhalten bleiben wird. Bei unterschiedlicher Größe und jeweiligen Spezialitäten kommt der Wettbewerb dieser Finanzhauptstädte Europas letztlich den Nutzern von Finanzdienstleistungen zugute.

Der Weg zu einem einheitlichen europäischen Finanz- und Währungsraum ist schwierig – bisher noch fehlende Konvergenz – und nicht frei von Rückschlägen, wie die Krisen im Europäischen Währungssystem der Jahre 1992 und 1993 gezeigt haben. Er erfordert mehr als nur technisch perfekte Lösungen. Auch dies scheint Friedrich List bewußt gewesen zu sein: »Das höchste Ziel der rationellen Politik ist, wie wir in unserem zweiten Buch ausgeführt haben, die Vereinigung der Nationen unter dem Rechtsgesetz – ein Ziel, das nur durch möglichste Gleichstellung der bedeutendsten Nationen der Erde in Kultur, Wohlstand, Industrie und Macht – durch Verwandlung der zwischen ihnen bestehenden Antipathien und Konflikte in Sympathie und Harmonie zu erreichen ist. Die Lösung dieser Aufgabe ist aber ein Werk von unendlich langsamem Fortgang.«

Schwierigkeiten auf dem Weg und temporäre Rückschläge brauchen uns also nicht zu entmutigen. Sie sollten vielmehr Ansporn sein für verstärkte Anstrengungen.

KULTUR – DAS ZUKUNFTSGUT DES EUROPÄISCHEN KONTINENTS

Über die Notwendigkeit einer gemeinsamen Kulturpolitik

Von Adrien Meisch,
Botschafter des Großherzogtums Luxemburg in der Bundesrepublik Deutschland

Wir leben in einer Zeit des Umbruchs. Mit der Aufhebung der alten Nachkriegsordnung ist eine der interessantesten Perioden unseres Jahrhunderts zu Ende gegangen. Was noch vor wenigen Jahren vielen als Utopie erschien, ist mittlerweile Wirklichkeit geworden: Der kalte Krieg ist vorbei, die Zweiteilung Europas überwunden.

In den kommenden Jahren wird sich die Welt noch weiter grundlegend verändern. Alle Bereiche – Politik, Wirtschaft, Wissenschaft und Kultur – sind von dieser bevorstehenden Metamorphose betroffen.

Aus diesem Grunde drängen sich uns – zu Recht – zahlreiche Fragen auf, die eigentlich alle Variationen ein und derselben Frage sind, nämlich: Wie sieht unsere Zukunft aus? Diese Frage hat seit der Antike alle Generationen beschäftigt und war immer dann aktuell, wenn bestehende Ordnungen aufgelöst und neue Epochen eingeläutet wurden.

Wenige Jahre vor der Jahrtausendwende stehen auch wir vor dem Beginn eines neuen Zeitalters. Folglich beschäftigen wir uns auch mit der Frage, auf welchen Wertewandel sich die Menschheit in Zukunft einstellen muß.

In diesem Zusammenhang spielt die Kulturpolitik eine wesentliche Rolle. Zuerst müssen wir uns natürlich darüber im klaren sein, was wir eigentlich unter Kultur verstehen. Die international anerkannte Definition des Kulturbegriffes formulierte die UNESCO auf der Weltkonferenz der Kulturpolitik 1982 in Mexiko-City. Im weitesten Sinne des Wortes umgreift die Kultur gemäß dieser Festlegung die Gesamtheit aller spezifischen Züge, die eine Gesellschaft oder eine soziale Gruppe geistig, materiell und intellektuell charakterisieren. Die Kultur umfaßt also außer Kunst, Musik und Literatur die Lebensformen, die Grundrechte des Menschen, die Wertsysteme, die Traditionen und Glaubensrichtungen.

Vor allem aber verleiht die Kultur dem Menschen die Fähigkeit, über sich selbst nachzudenken. Es ist die Kultur, die aus uns spezifisch menschliche Wesen macht, kritisch und von ethischem Engagement erfüllt.

Es ist demnach die Kultur, die bewirkt, daß der Mensch sich ausdrückt, sich seiner selbst bewußt wird, sich als unfertiges Projekt erkennt, seine eigene Verwirklichung in Frage stellt, ständig nach neuen Sinninhalten sucht und Werke schafft, die über ihn hinauswachsen und vieles veredeln.

Diese moderne Definition der Kultur geht über Kunst, Musik und Literatur als ästhetische Bereicherung der Gesellschaft und des Individuums hinaus. Sie umfaßt mit Recht weitaus mehr als künstlerische Aktivitäten. Bildung und Wissenschaft gehören in diesen erweiterten Begriff, genau wie Umweltschutz, Entwicklungsprogramme, soziale Gerechtigkeit, eine gesellschaftlich verträgliche Familienplanung und die Schaffung von Beschäftigungsmöglichkeiten. Kultur im erweiterten Sinn impliziert viele wesentliche Beiträge zur Lösung der globalen Probleme der Menschheit.

Die Basis der europäischen Kultur und ihre Facetten

Das wertvollste Zukunftsgut unseres Kontinents ist ohne Zweifel seine Jahrtausende alte Zivilisation. Ohne gemeinsame Kultur kann die Einigung eines starken Europas nicht gelingen, wird unser Einfluß auf den Rest der Welt drastisch schwinden. Werfen wir aber zunächst einen kurzen Blick in die Vergangenheit.

Zweimal hat eine einheitliche Kultur die politische Einigung Europas gefördert. Das Römische Reich brachte über den größten Teil unseres Kontinents nicht nur Legionäre und Administratoren, sondern auch die griechisch-römische Kultur. Nach dem Zerfall des

Weströmischen Reiches entstand unter Karl dem Großen das Merowingische Reich.

Die christliche Zivilisation und die mittelalterliche Kunst dehnten sich auf weite Teile Europas aus. Gewiß war es ein eher unspezifischer Raum, aber prägnante Symbole und besondere Leitbilder waren überall klar zu erkennen. Es vermittelte den Europäern das Gefühl geistiger Zusammengehörigkeit. Dieser Raum war der Nährboden für die Entwicklung großer Gedanken und zukunftsorientierter Ideale. Aus ihm ging die Zeit des Humanismus, der Renaissance und der Aufklärung hervor.

Der politische Verfall am Ende des Mittelalters, das Entstehen vieler kleiner Staaten, vor allem aber die Zerstörung der Einheit der christlichen Kirche durch die Reform und die Wirren des Dreißigjährigen Krieges hatten tiefe Auswirkungen auf das soziale und kulturelle Leben. In Europa behaupteten sich vier große religiöse Tendenzen: Luther und der Protestantismus, die anglikanische Kirche in England und in seinem Kolonialreich, die orthodoxe Kirche in Rußland und die universale katholische Kirche mit Sitz in Rom. Man kann die Beziehungen zwischen Religionen und Kultur nicht hoch genug einschätzen. In allen Zivilisationen der Welt hatten und haben die Philosophen und die Religionslehrer einen wesentlichen Einfluß. Das gilt insbesondere für den jüdischen Einfluß im christlichen Abendland und in Nordamerika.

Im 18. und 19. Jahrhundert entwickelten sich immer stärker werdende nationale Bewegungen. Sie bewirkten eine noch größere Aufteilung des europäischen Raumes. Viele neue, heftig umstrittene Grenzen entstanden. Selbstverständlich bildeten sich auch starke, nationale Tendenzen auf kulturellem Gebiet. Trotzdem überlebten die starken allgemeingültigen Grundwerte der europäischen Kultur. Sie basierten auf der griechisch-römischen und der mittelalterlichen Zivilisation. Auch in dieser Zeit war also die Kultur das verbindende Element. Sie konnte aber nicht schwerwiegende internationale Konflikte verhindern, die im Ersten Weltkrieg einen noch nie dagewesenen Höhepunkt erreichten.

Im 20. Jahrhundert vermochten dann sowohl der Kommunismus als auch der Nationalsozialismus weite Teile Europas politisch und militärisch sowie ideologisch und kulturell zu beherrschen. Beide totalitären Systeme versuchten eine Einheit nach ihren Grundsätzen zu erzwingen. Beide konnten sich weder auf ganz Europa ausdehnen noch auf Dauer halten. Der angerichtete Schaden ging aber ins Unermeßliche. Glücklicherweise konnten die fundamentalen Werte der europäischen Kultur überleben.

Seit dem Ende des Zweiten Weltkrieges versuchten dann die Westeuropäer den kulturell reichsten Teil Europas mit wirtschaftlichen Mitteln zu einigen. Es entstand die »Montanunion« der Sechs, aus der dann später die EG der Zwölf wurde. Nach dem Zerfall des sowjetischen Imperiums dehnt sich diese europäische Integrationsbewegung immer weiter aus.

Der freie Waren- und Kapitalverkehr in der Europäischen Union (EU) hat aber für die meisten Menschen heute keine emotionale Wirkung. Der Grund dafür liegt in der Tatsache, daß die europäische Integration die kulturellen und geistigen Werte nicht genügend berücksichtigt hat.

»Sollte ich noch einmal von vorne beginnen, ich würde bei der Kultur anfangen«, war das unvermutete Bekenntnis des Wegbereiters Europas, Jean Monnet. Am Ende seines Lebens schien gerade dieser Pragmatiker, der sich so meisterhaft auf die Koordinierung unterschiedlicher nationaler Interessenlagen mit übergeordneten europäischen Zielsetzungen verstand, von immer größeren Zweifeln geplagt zu sein. Es wurde ihm bewußt, daß die Einigungsidee nur eine echte Chance hat, wenn sie in den Köpfen und in den Herzen der Europäer verankert werden kann.

Jahrzehnte später unterstrich Jacques Delors dieselbe Skepsis mit der ironischen Frage: »Wer verliebt sich schon in einen Binnenmarkt?« In der Tat ist es so: Je eifriger am juristischen Normengeflecht gebastelt wird, je mehr wirtschaftliche und soziale Statusinteressen in den Vordergrund der Diskussionen treten, um so kritischer scheinen nachdenkliche Europäer das Fehlen einer ideellen und kulturellen Perspektive zu vermerken. Der europäische Wirtschaftsraum der Zukunft ist im großen und ganzen vermessen. Der europäische Kulturraum aber bleibt einstweilen ein unscharfes Symbol ohne positive Leitbilder.

Sollte man also jetzt endlich die Kultur viel stärker einbinden? Ohne Zweifel, denn es ist höchste Zeit, diesen Fehler wieder gutzumachen. Aber das muß geschehen zusammen mit *allen* Europäern, mit den Nationen, Staaten, Regionen, Kommunen, Verbänden, freien Organisationen und vor allem natürlich mit den einzelnen Männern und Frauen und den Millionen Jugendlichen, für die das kulturelle Europa der eigentliche Reiz und die lohnenswerte Herausforderung ist.

Die bestehende Europäische Union erleichtert unbestreitbar die Gestaltung der zukünftigen Europakultur. Sie ist auch heute schon viel mehr als nur ein Verein zur Durchsetzung gemeinsamer wirtschaftlicher Interessen. Im Zusammenwirken mit dem Vertrag von Maastricht schafft der Binnenmarkt den großen Raum, in dem sich die Menschen frei bewegen und entfalten können, und zwar auf allen Gebieten: in der Politik, in der Wirtschaft und auch im sozialen und kulturellen Bereich.

Kunst und Kultur brauchen den großen Raum, um voll zur Geltung zu kommen. Sie sind aber auch gleichzeitig die treibende Kraft, um Räume zu öffnen. Europa braucht die Kultur als Motor seiner geistigen und schöpferischen Entwicklung. Der Versuch, die Völker Europas politisch und wirtschaftlich zu einen, kann ohne die Mitwirkung des schöpferischen Beitrags der Kultur nicht gelingen.

Auf der anderen Seite ist künstlerisches Schaffen Ausdruck einer besonderen Befindlichkeit in einem bestimmten Raum. Kunst ist seit jeher geschichtlich und gesellschaftspolitisch gebunden. Dieser Rahmen gibt der Kultur ihre Vielfalt und ihre nationale oder regionale Prägung. Das Ziel einer wahren europäischen Kulturpolitik muß es sein, diese Vielfalt zu erhalten und zu fördern.

Der Facettenreichtum der europäischen Kultur ist in der Tat einer der kostbarsten Schätze unserer Zivilisation. Er erlaubt es den europäischen Bürgerinnen und Bürgern, ihre Lebensart selbst zu bestimmen und das Umfeld, in dem sie leben, nach ihren eigenen Vorstellungen zu gestalten. Europa ist kein kultureller Eintopf und darf es nie werden. Diese Vielfalt sollte allerdings nicht den europäischen Einigungsprozeß hemmen. Sie darf nicht den engstirnigen

Nationalismus fördern, der Europa in der Vergangenheit so viel Unglück gebracht hat.

Wir hoffen nämlich auf die Kraft des Geistes und die Innovationsfähigkeit der Kultur, die im künstlerischen Schaffen ihren ursprünglichen Ausdruck findet. Diese Kraft muß dazu beitragen, die Ideale des Dialogs, der Toleranz, des friedlichen Wettbewerbs zu stärken und uns zurückzuführen zur Begeisterung für eine große Idee, dem großartigen Plan der Schaffung eines einheitlichen, demokratischen, solidarischen, rechtsstaatlichen und freien Europas.

Europäische Kultur: Gemeinsame Vielfalt

Um eine wirkungsvolle europäische Kulturpolitik durchzuführen, brauchen wir angemessene Institutionen und Organisationen. Wie sieht die Lage zum jetzigen Zeitpunkt aus?

Die beiden wichtigsten Regierungsorganisationen, die sich in Europa mit Kultur und Kulturpolitik befassen, sind der Europarat in Straßburg und die Kommission der Europäischen Union in Brüssel. Unterhalb dieser Ebene gibt es eine Vielzahl von bilateralen Kulturabkommen und Kulturprogrammen. Auf gesamteuropäischer Ebene wurden im Rahmen der Konferenz für Sicherheit und Zusammenarbeit in Europa, speziell seit der Schlußakte von Helsinki, Kooperation und Austausch im Kulturbereich unterstützt. Dieser letztere Rahmen ist besonders wertvoll, weil er Amerika und Rußland einschließt, die ein sehr enges Verhältnis zur abendländischen Kultur haben.

Zwischen der Europäischen Union und dem Europarat gibt es in bezug auf die Rechtsverbindlichkeit erhebliche Unterschiede. Während der Europarat zwischenstaatliche Zusammenarbeit von Regierungen betreibt, ohne die Möglichkeit, nationales Recht durch eigene Entscheidungen zu ersetzen, kann die Europäische Union in den Bereichen, die durch den EG-Vertrag oder durch Gemeinschaftsbeschluß gedeckt sind, eigenes Recht an die Stelle von nationalem Recht setzen.

Mit dem Vertrag von Maastricht wird es erstmals eine ausdrückliche Grundlage für Kultur und Kulturpolitik im Rahmen der Europäischen Union geben. Gegen die Vereinnahmung der allgemeinen

Kulturpolitik in die Gemeinschaftspolitik konnten Länder Vorbehalte anmelden. In Zukunft, nach dem Inkrafttreten des Maastrichter Vertrages, erläßt der Rat Fördermaßnahmen nach Anhörung des Ausschusses der Regionen. Ferner kann der Rat auf Vorschlag der Kommission Empfehlungen erlassen.

Bisher ging es im Rahmen der kulturpolitischen Aktivitäten der Europäischen Union unter den Aspekten der Wirtschafts- und Sozialpolitik um die Verbesserung der finanziellen und sozialen Situationen der Kulturschaffenden sowie um die Entwicklung der europäischen Kulturindustrie auch mit Blick auf die Vollendung des Binnenmarktes am 1. Januar 1993. Hier ging es vor allem um Fragen der nationalen Subventionierung, um Probleme der Besteuerung von Kulturproduktionen und Kulturgütern und um Urheberrechte und Leistungsschutz.

Im Rahmen der allgemeinen Kulturpolitik ist es nach dem Maastrichter Vertrag das Anliegen der EU-Kommission, einen Beitrag zur Entfaltung der Kulturen der Mitgliedstaaten unter Wahrung ihrer nationalen und regionalen Vielfalt sowie gleichzeitiger Hervorhebung des gemeinsamen kulturellen Erbes zu leisten. Es gibt in der Tat eine europäische kulturelle Identität, die in den Vordergrund gestellt werden soll. Kulturgüter wie die Stadt Venedig und ein Gemälde von Rembrandt, die Musik Beethovens und die Dramen Shakespeares – sie alle werden von den Bürgern Europas als gemeinsamer Besitz angesehen.

Thematische Schwerpunkte gemeinschaftlicher Kulturpolitik waren darüber hinaus die Förderung der audiovisuellen Industrie, der Aus- und Weiterbildung im kulturellen Bereich und des internationalen Dialogs mit Nicht-EU-Ländern. Ich denke hier insbesondere an die kulturellen Beziehungen mit den Ländern Mittel- und Osteuropas, mit den EFTA-Staaten sowie mit den Staaten Afrikas, Asiens und der Karibik, die mit der Europäischen Union durch das Lomé-Abkommen assoziiert sind.

Die Aktivitäten der Europäischen Union im Bereich der Kultur decken sich in der Thematik häufig mit der Arbeit des Europarates, unterscheiden sich aber in der Methode vor allem durch die Förderung und Finanzierung der praktischen Aktivitäten. Beispiele für solche Projekte sind unter anderem die Konzerte der europäischen Orchester, die berufliche Fortbildung junger Kulturschaffender, die Erhaltung des kulturellen Erbes (z. B. die Akropolis und der Berg Athos in Nordgriechenland), die Entwicklung von und die Ausbildung in Konservierungstechniken (z. B. Handwerkszentrum in Venedig).

Die Beteiligung an den Aktionen der europäischen Kulturhauptstädte möchte ich besonders hervorheben (1992 Madrid, 1993 Antwerpen, 1994 Lissabon, 1995 Luxemburg, 1999 Weimar). Die Organisation der kulturellen Aktivitäten der jeweiligen Kulturhauptstadt obliegt selbstverständlich der Regierung des Landes und der Gemeindeverwaltung. Aber finanzielle Unterstützung und besondere Veranstaltungen werden auch von der Europäischen Union und dem Europarat gefördert (z. B. der Europäische Preis für die beste literarische Übersetzung und der Europäische Filmpreis).

Kultur und Kulturpolitik beim Europarat in Straßburg stützen sich auf das Kulturabkommen von 1954, das heute 27 europäische Länder einschließt. Davon sind 15 nicht Mitglieder der Europäischen Union. Es geht vor allem darum, eine engere Verbindung und ein gegenseitiges Verständnis unter den europäischen Völkern aufzubauen und auch darum, die allgemeine europäische Kultur zu entwickeln und zu bewahren.

Die Tätigkeit ist weit gefächert. Die Themen werden häufig in Form mehrjähriger Projekte mit internationalen Experten und entsprechenden Fachkonferenzen bearbeitet, die dann in der Regel in Resolutionen und Empfehlungen münden und das Material für die Konferenz der Kultusminister liefern.

Einige Themenbereiche möchte ich aufführen: lokale Radio- und Fernsehstationen in Europa; grenzüberschreitendes Fernsehen; kulturelles Leben und die Situation Jugendlicher in den Städten; Dezentralisierung von Kulturpolitik; Regional- und Minderheitensprachen in Europa; kulturelle Entwicklung in ausgewählten Städten und Regionen.

Neben den Regierungsorganisationen (EU und Europarat) ist eine Fülle von privaten Vereinigungen und Verbänden europäisch aktiv – angefangen vom Europäischen Verband der Schausteller bis zu den öffentlich-rechtlichen Sendern in der Europäischen Rundfunkunion, um nur zwei Beispiele zu nennen.

Nicht zu vergessen sind die zahlreichen Netze von Städtepartnerschaften. Hier findet sich die Masse der europäischen kulturellen Aktivitäten – oft unbeachtet von den Regierungen, aber außerordentlich wirksam für die europäische Bewußtseinsbildung. Zwischen den privaten Organisationen und der Regierungsebene stehen Organisationen wie die Europäische Kulturstiftung und die Organe der regionalen Zusammenarbeit.

Zusammenfassend möchte ich also feststellen, daß der Binnenraum ohne Grenzen ein bevorzugtes Zentrum des geistigen Austauschs und des künstlerischen Schaffens Europas werden kann und muß – und das vor allem zugunsten der europäischen Bürger, die immer stärker einen weitreichenden Zugang zur Kultur fordern. Selbstverständlich ist das Bestehende nur ein Anfang. Vieles bleibt noch zu tun. Wir haben aber festgestellt, daß dank der zahlreichen staatlichen und privaten Initiativen gute Ergebnisse erzielt wurden. Es besteht die berechtigte Hoffnung, daß der Maastrichter Vertrag diese gemeinsame Entwicklung beschleunigt.

Kultur als Botschaft

Ich habe bisher nur über die Kulturpolitik innerhalb des europäischen Kontinents gesprochen. Ein wichtiger Bestandteil fehlt jedoch: die kulturelle Auswirkung der Europäischen Union auf die ganze Welt. Es fehlt ein Instrumentarium, welches bewirkt, daß die Europäische Union von außen her als kulturelle Einheit gesehen wird. Bis jetzt hat jede europäische Nation für ihre eigene kulturelle Ausstrahlung gesorgt. Die »Alliance Française« wirkt für Frankreich, der »British Council« für England; das »Goethe-Institut« und »Inter Nationes« wirken für Deutschland, und Vergleichbares leisten ähnliche Institutionen für ihre jeweiligen Staaten. Europa braucht demnach dringend ein Instrumentarium für eine gemeinsame auswärtige Kultur- und Informationspolitik, ein Forum zur Darstellung der europäischen Kultur.

Es geht also um den Bau einer kulturellen Zweibahnstraße für

Europa, die nicht in Konkurrenz zu den Aktivitäten der einzelnen EU-Staaten tritt, sondern diese ergänzt und somit die gesamteuropäische Dimension sichtbar macht.

Weil eine solche Arbeit kontinuierlich und flexibel gestaltet werden muß, soll man sie institutionell verankern. Ich bin nicht dafür, sie in die EU-Kommission einzugliedern, sondern eine Nichtregierungsorganisation zu schaffen, der auch Staaten Europas angehören können, die nicht Mitglied der Europäischen Union sind. Die Aktivitäten würden sehr vielfältig und natürlich weltweit sein: Besucherprogramme, kulturelle Publikationen, Bildungsprogramme (Europakunde), Buch- und Musikversorgung, Übersetzungsförderung, Ausstellungen, Filmvertrieb, Kulturentwicklungsprojekte. Diese Aktivitäten wären graduell zu entwickeln mit dem langfristigen Ziel, Europa-Kulturhäuser in den wichtigsten Zentren der Welt zu errichten, vorrangig in Washington, Moskau, Tokio, Kairo, Mexiko, Sydney, Toronto . . .

Die globale Zivilisation

Dank seiner reichen und vielseitigen Zivilisation kann der europäische Kontinent einen wesentlichen Einfluß auf die neue Weltordnung ausüben. Unsere Kultur hat in den letzten Jahrhunderten einen Siegeszug ohnegleichen angetreten. Europäische Ideen haben die Welt erobert. Dazu gehören sowohl Demokratie, die Herrschaft des Gesetzes, Menschenrechte und die Rolle der Frau als auch Rationalität, allgemeine Ausbildung, Marktwirtschaft und vieles mehr. Aber während große Teile der Welt immer mehr von der europäischen Zivilisation geprägt werden, nimmt Europas Gewicht ab. In der Schlüsselfrage nach Entwurf und Verwirklichung einer neuen internationalen Ordnung sind die kulturelle, aber auch die politische, die wirtschaftliche und die militärische Kapazität Europas mehr als je gefordert.

Die Kultur spielt in dieser Hinsicht aber eine um so bedeutendere Rolle, weil die Frontlinie der Konflikte im Übergang zum 21. Jahrhundert nicht mehr zwischen Staaten, sondern zwischen Zivilisationen verlaufen wird. Dabei werden nichtwestliche Zivilisationen

Akteure und nicht mehr bloß Objekte sein. Die Weltpolitik tritt in eine neue Ära. Leider weiß man im Westen zu wenig über andere Zivilisationen. Wir müssen also nicht nur unsere kulturellen Werte festigen und in die Welt ausstrahlen, sondern gleichzeitig tiefgehende Kenntnisse über kulturelle und weltanschauliche Vorgänge anderer Zivilisationen erwerben. Nur so kann der friedliche Übergang zu einer globalen Zivilisation vollzogen werden.

Der Kulturdialog wird deshalb die neue Form von Konfliktmanagement sein. Es gilt, die gemeinsamen Elemente zwischen der westlichen und anderen Zivilisationen herauszufinden. Es wird im 21. Jahrhundert von ausschlaggebender Bedeutung sein, daß die verschiedenen Kulturen in der Welt lernen zu koexistieren, sich gegenseitig zu respektieren und zusammen die großen Ziele der Menschheit anzustreben. Fanatismus, Fundamentalismus und zunehmende Gewalt können nur auf diese Weise überwunden werden. Eine weltweite vernünftige Bildungspolitik muß tiefgreifende Reformen hervorbringen. Die sich schnell ausbreitende globale Kommunikation ist dazu das geeignete Mittel.

Der internationale Kulturdialog dient also nicht nur der gegenseitigen Bereicherung, er führt auch direkt zu Lösungsansätzen für staatenübergreifende Probleme.

DIE NEUE WELT
DER SUPERMÄCHTE

DAS ENDE DER SELBSTVERSTÄNDLICHKEITEN

Europa und Amerika auf der Suche nach einer neuen transatlantischen Agenda

Von Werner Weidenfeld
Koordinator der Bundesregierung für die deutsch-amerikanische Zusammenarbeit

Es wäre naiv anzunehmen, ein einzelnes, zudem zentrales Segment der internationalen Politik bliebe von dem dramatischen Wandel unserer Tage ausgenommen. Auch die europäisch-amerikanischen Beziehungen sind in den Sog neuer Konstellationen geraten. Kommunikationstheoretisch gesprochen: Die Stabilisatoren und Filter der Informationsverarbeitung, die über Jahrzehnte dem transatlantischen Verhältnis gute Dienste geleistet haben, zerfallen. Eine neue Begründung ist notwendig geworden. Das Pathos früherer Jahre verbraucht sich. Die Zelebration der Wertegemeinschaft und des europäischen Wiederaufbaus nach dem Weltkrieg – alles das kann keine ausreichende Bindewirkung für die nächste Epoche der europäisch-amerikanischen Beziehungen entfalten.

Freilich, wie oft schon ist das Ende der europäisch-amerikanischen Freundschaft prognostiziert worden? Und hat sich nicht dennoch die transatlantische Partnerschaft über die Jahrzehnte eine erstaunliche Lebendigkeit und Frische bewahrt als eine der großen Erfolgsgeschichten des 20. Jahrhunderts? Indes, alle Versuche, die Zukunft des europäisch-amerikanischen Verhältnisses als bloße Extrapolation der Vergangenheit gestalten zu wollen, birgt heute die Gefahr, den historischen Szenenwechsel zu übersehen: Das Terrain, der Hintergrund, auf dem sich die europäisch-amerikanische Partnerschaft bewegt, hat sich entscheidend verschoben und macht dringlich neue strategische Überlegungen notwendig.

Ein neuer Aufbau ist notwendig

Gleich mehrfach und in komplizierter gegenseitiger Verschachtelung sind die transatlantischen Beziehungen von dem Ende des West-Ost-Konflikts betroffen.

- Die besondere Intensität der gegenseitigen atlantischen Zuwendung in den vergangenen Jahrzehnten war wesentlich auch eine Funktion des großen Konflikts zwischen Ost und West, der den europäischen Kontinent und Deutschland teilte. Der gemeinsame Gegner ließ Amerika und Europa auch geistig einander naherücken; in der Abwehr des Kommunismus erlebten wir eine Dramatisierung europäisch-amerikanischer Gemeinsamkeiten. Das Ende dieses Konflikts bedeutet, daß sich die europäisch-amerikanische Freundschaft zukünftig allein aus sich selbst heraus definieren muß. Der Umweg über die Abgrenzung vom potentiellen Gegner entfällt und macht für die transatlantischen Beziehungen ein gewandeltes Selbstverständnis notwendig.

- Die Notwendigkeit, gegen die Sowjetunion zusammenzustehen, war in den Öffentlichkeiten auf beiden Seiten des Atlantiks ein so offensichtlich einleuchtendes Gebot, daß damit bei allem Streit über die konkreten, daraus abzuleitenden politischen Konsequenzen die transatlantische Partnerschaft jedermann mit fast mechanischer Schlüssigkeit plausibel zu machen war. Ein ähnlich klares Motiv für die zukünftige Gestaltung des europäisch-amerikanischen Verhältnisses fehlt uns noch. Statt dessen beherrschen eine Vielzahl teilweise hochtechnischer Themen eine unübersichtlich gewordene Agenda, bei deren Bearbeitung Amerika und Europa gelegentlich auch mehr als Konkurrenten denn als Partner zu agieren scheinen.

- Nur folgerichtig ist nach alledem, daß die Dramatisierung europäisch-amerikanischer Gemeinsamkeiten aus den Jahrzehnten des West-Ost-Konflikts, wie sie sich exemplarisch in dem Wort von der Wertgemeinschaft ausdrückt, abgelöst zu werden droht durch eine stärkere Betonung des vermeintlich oder tatsächlich Trennenden. Auf diesem Hintergrund ist es kein Zufall, daß die amerikanische Öffentlichkeit in den letzten Jahren die außereuropäischen Beiträge zur amerikanischen Gesellschaft entdeckt hat.

- Nicht nur im Hinblick auf die Themen, ebenso bei den Akteuren ist eine Ausdifferenzierung festzustellen. Der disziplinierende und uniformierende Einfluß des West-Ost-Konflikts, der dem Westen politische Kohärenz auch schlicht aufzwang, ist dahin. Der Kitt der Nordatlantischen Allianz droht zu zerfallen. Das aber bedeutet, daß die Bereitschaft einzelner Staaten steigt, ihre partikularen Interessen geltend zu machen und aus einem transatlantischen Konsens auszuscheren.

Zusätzlich zu diesen auf die Ereignisse nach 1989 zurückzuführenden Entwicklungen kommt ein weiteres hinzu: Die Architekten der europäisch-amerikanischen Nachkriegsordnung waren allesamt Persönlichkeiten, die ein biographisch begründetes, existentielles Interesse an dieser Freundschaft besaßen. Es waren Persönlichkeiten, die als Produzenten der politisch-kulturellen Symbolwelt Amerikas bezeichnet werden können. Die Prägekraft dieser Generation steht für die gegenwärtige und die künftige Intensität der transatlantischen Beziehungen nicht mehr zur Verfügung. Bei den nachrükkenden Generationen fehlt zu weiten Teilen eine ähnliche biographische Bindung an den jeweiligen atlantischen Partner. Der Vorteil dieser an sich bedauerlichen Entwicklung ist, daß die neuen Eliten in den USA ein nicht mehr von Krieg und Zerstörung geprägtes Europa-Bild verinnerlicht haben. Auf dieser positiven Grundlage muß neu aufgebaut werden.

Die verstärkte Hinwendung der USA zur Weltmacht

Aber nicht nur Europa ist innerlich in Bewegung geraten, nicht nur die transatlantische Partnerschaft hat einem grundlegend gewandelten weltpolitischen Umfeld Rechnung zu tragen, auch der amerikanische Partner durchläuft eine Phase der Selbstvergewisserung und

Selbstprüfung, die ebenfalls für das zukünftige europäisch-amerikanische Verhältnis Folgen zeitigen wird.

Entscheidend für den Wahlsieg des neuen amerikanischen Präsidenten war seine Betonung der Notwendigkeit breiter innenpolitischer Reformen. Damit hat er erfolgreich eine tiefe Wurzeln gefaßte Empfindung breiter Teile der amerikanischen Bevölkerung aufgegriffen, die zeitweise die – zweifelsohne übertriebenen – Formen einer Fin-de-siècle-Stimmung angenommen hatte. Die 1991 in Los Angeles und in anderen urbanen Zentren der USA ausgebrochenen schweren Unruhen haben jedermann die sozialpolitischen Defizite der amerikanischen Gesellschaft vor Augen geführt. Wichtige Indikatoren schienen die nachlassende Wettbewerbsfähigkeit der US-Wirtschaft zu belegen. Das Haushaltsdefizit wächst unerbittlich von Jahr zu Jahr in schwindelerregende Höhen und widersetzt sich hartnäckig allen Anstrengungen zu seiner Begrenzung. Die Reallöhne breiter Schichten sind im letzten Jahrzehnt gesunken. Die Bildungschancen des Durchschnittsamerikaners lassen zu wünschen übrig. 35 Millionen Amerikaner sind ohne jede Krankenversicherung. Und last, but not least bezweifelten manche Amerikaner, daß ihr politisches System all diesen Herausforderungen überhaupt noch gewachsen ist.

Im Angesicht dieser schwierigen Lage ist es nicht überraschend, daß viele Amerikaner die Stellung ihres Landes in der Welt in Gefahr sehen. Vor diesem Hintergrund erklärt sich der große Widerhall, den die sogenannten Declinists mit ihren Thesen gefunden haben. Sie berufen sich auf das 1987 veröffentlichte Buch von Paul Kennedy, welcher die USA wie andere Groß- und Weltmächte in der Geschichte zu einem weitgehend zwangsläufig vorgegebenen Abstieg verdammt sieht, der im eigentlichen Sinne nicht aufgehalten, sondern allein sozialpolitisch abgefedert werden kann. Amerika habe sein auswärtiges Engagement – vor allem durch eine weltweite militärische Präsenz, aber ebenso mittels finanzieller Transferleistungen wie Entwicklungs- und Wirtschaftshilfe – über die durch seine Wirtschaftskraft gesetzten Grenzen hinaus ausgedehnt. Die Mittel für die Erneuerung der Wirtschaftskraft des Landes seien so verschleudert worden. In Konsequenz dessen müsse folglich eine drastische Reduzierung vor allem der Militärausgaben herbeigeführt werden.

In der amerikanischen Wissenschaft sind die Thesen Kennedys überwiegend kritisch abgehandelt worden und finden dort heute relativ wenige Anhänger. Tatsächlich greift die These von der Überdehnung amerikanischer Machtentfaltung als Erklärung für die innenpolitischen Probleme der USA aus den verschiedenen Gründen zu kurz. Ihr fehlt es bereits an der empirischen Fundierung. Merkwürdig ist auch, daß es die Declinists regelmäßig unterlassen, den Kosten des auswärtigen Engagements der USA die so erzielten ganz erheblichen (auch wirtschaftlichen) Vorteile gegenüberzustellen. Als Beschreibung einer bestimmten politischen Befindlichkeit bleibt der Declinism dennoch von größter Bedeutung, weil er recht exakt die in der breiten Öffentlichkeit der USA herrschenden, allerdings oft diffusen Vorstellungen wiedergibt und dabei um andere Komponenten, zum Beispiel Forderungen nach Handelsrestriktionen gegen die angeblich mogelnden Handelspartner, ergänzt wird. Dabei mag auch eine Rolle spielen, daß die Amerikaner ebensowenig wie irgendein anderes Volk der Welt gegen die Versuchung gefeit sind, eigene Probleme »dem Ausland« zuzuschreiben. Der Declinism kommt diesem Bedürfnis vortrefflich entgegen.

Problematisch sind die Thesen des Declinism wegen der darin sich ausdrückenden Verkennung der Natur auswärtiger Beziehungen, die allerdings in Amerika eine lange Geschichte hat. Grundlegend anders als die europäischen Staaten sind die USA viel stärker selbstbezogen. Schon wegen seiner kontinentalen Dimensionen ist Amerika in vielerlei Hinsicht sich selbst genug und versteht sich als sozusagen geschlossene Welt. Im nationalstaatlich zerstückelten Europa war die aktive Betreibung auswärtiger Beziehungen im allerumfassendsten Sinne stets eine selbstverständliche existentielle Notwendigkeit; in den USA haftet der gleichen Aufgabe immer etwas von eigentlich verzichtbarem Luxus an. Nur so ist zu verstehen, daß in der Öffentlichkeit der in diesem Zusammenhang betriebene Aufwand pauschal der Kostenseite zugeschlagen wird. Aus dem gleichen Grund neigt die amerikanische Öffentlichkeit immer wieder dazu, die eigene Außenpolitik als Anwendung moralischer

Grundsätze zu denken. Das macht auf der Grundlage der genannten Prämisse sogar Sinn: Wenn Handeln nicht Ergebnis eines interessenfunktionalen, das heißt also egoistischen Kalküls ist, so bleibt nur, es altruistisch und als fürsorgliche Wahrnehmung fremder Interessen zu deuten. Die amerikanische Präsenz in Europa, um ein Beispiel zu nennen, wird so zur selbstlosen Hilfe des Starken für die Schwachen. Wie jeder Besucher in den USA immer wieder feststellen kann, stößt demgegenüber der Versuch, Amerikanern nahezulegen, daß sie mit dieser Präsenz sehr wohl *auch* eigenen Interessen dienen, auf Befremden. Der Versuch, dieses Engagement als Ausdruck objektiver Interessenlagen Amerikas zu deuten, auch wenn dies nur geschieht, um dieses Engagement so *zusätzlich* plausibel zu machen, ist in amerikanischen Augen oft nur ein Advokatentrick, um sich der Dankespflicht gegenüber Amerika zu entziehen. Gerade weil nun aber manche der Empfänger amerikanischer Großzügigkeit die USA zu überrunden schienen, liegt es nahe, den Erfolg der Konkurrenten einfach als andere Seite der gleichen Münze zu beschreiben, die für die amerikanischen Probleme verantwortlich ist.

Tatsächlich ist unabweislich, daß der Versuch, Amerikas Schwierigkeiten außenpolitisch zu erklären, nicht nur den Gegebenheiten nicht gerecht wird, sondern daß die von den Apologeten dieser Ansicht daraus gezogene Konsequenz kontraproduktiv das Land nur weiter in die Irre führen würde. Die USA können heute ebensowenig wie irgendein anderes Land als »Insel der Seligen« bestehen. In einer immer mehr zusammenschrumpfenden Welt, in der jeden alles angeht, sind auch die USA ein integraler Bestandteil ein und derselben Weltwirtschaft. Der richtigere Weg ist also eine verstärkte Hinwendung zum Weltmarkt, nicht seine Aussperrung.

Diese Prämissen bezeichnen den von Präsident Clinton klar verfochtenen und auch bereits in seinem Wahlkampf immer wieder mit großer Deutlichkeit herausgearbeiteten außenpolitischen Ansatz: ». . . we cannot choose between international engagement and domestic reconstruction. They are two sides of the same coin. Our economy increasingly is tied to the world economy. Our access to energy supplies, export markets, new scientific developments, and even our ability to create a healthier planet – all these require our active engagement in the world.« (»A Vision for Democracy«, Remarks by Governor Bill Clinton at Milwaukee, Wisconsin, October 1, 1992).

Allerdings wird so Außenpolitik unter ein deutliches innenpolitisches Primat gestellt, ja, sie kann auf die bloß flankierende Abdekkung eigentlich innenpolitischer Aufgaben reduziert und damit ihres genuin eigenen Charakters entleert werden. Nur eine andere Seite der gleichen Entwicklung ist die starke Betonung, die wirtschaftspolitische Themen durch die Clinton-Administration erfahren haben. Vor allem von daher erklärt sich das besondere Interesse an dem asiatisch-pazifischen Raum, dessen rasante wirtschaftliche Dynamik Amerika für sich nutzen will.

Die transatlantische Perspektive

Was ist also von den Europäern zu tun, um die Voraussetzungen für die transatlantische Partnerschaft der Zukunft zu legen?

Fragt man mit Blick auf die transatlantische Partnerschaft nach der gebotenen europapolitischen Tagesordnung, kann die Antwort nicht schwerfallen. Jede Vertiefung der Europäischen Union, jede Stärkung ihrer inneren Entscheidungsstrukturen käme unmittelbar der transatlantischen Partnerschaft zugute. Zweifellos ist eine denkbar weitgediehene Gemeinschaft keine Voraussetzung für das atlantische Bündnis überhaupt. Wohl aber gilt, daß jedes Mehr an europäischer Integration eben auch ein Gewinn für die transatlantischen Beziehungen ist. In dem Maße, in dem Europa politische Handlungsfähigkeit gewinnt, kann sein Input in die transatlantische Partnerschaft wachsen und Europa sich als vollgültiger, weltpolitischer Partner Amerika empfehlen. Dies ist die Chance Europas gerade auch im Vergleich zum ostasiatisch-pazifischen Raum, wo eine auch nur entfernt vergleichbare Integration für die überschaubare Zukunft undenkbar ist. So wie die erfolgreiche Bewältigung der innenpolitischen Aufgaben Amerikas eine wichtige Voraussetzung für eine weiterhin wahrgenommene weltpolitische Rolle der USA ist, um die in den Augen der amerikanischen Öffentlichkeit bestehende

Diskrepanz zwischen innerer Wirtschaftskraft und einem demgegenüber zu großen außenpolitischen Engagement zu schließen, so muß die Gemeinschaft eine umgekehrte Diskrepanz zugunsten eines stärkeren außenpolitischen Profils abbauen.

Die Wahrung bzw. die Wiederherstellung des weltpolitischen Gewichts Europas im Zeitalter der kontinentalen Großmächte – von Anfang an ein wesentliches Motiv für die europäische Gründungsgeneration nach dem Zweiten Weltkrieg – erfaßt die Bedeutung der europäischen Integration aber nur zu einem Teil. Zugleich ist dieser Vorgang die europäische Antwort auf die Notwendigkeit, neue, die Nationalstaaten transzendierende politische Entscheidungsstrukturen zu schaffen, die der Problemstruktur adäquat sind. Denn hier liegt ja eine weitere wichtige Neuerung internationaler Politik an der Jahrtausendwende: Die herkömmliche Vorstellung von nationaler Souveränität hat sich offensichtlich überlebt. Die Aufgaben der Politik sind längst zu einem großen Prozentsatz über staatliche Grenzen hinweg ausgewandert. Bislang haben allein die großen multinationalen Wirtschaftsunternehmen radikal die aus diesem Sachverhalt sich aufdrängenden Konsequenzen gezogen; sie sind heute oft weitgehend »entnationalisiert« und agieren vorurteilsfrei ohne eindeutige »nationale« Zuordnung da, wo sich ihnen die günstigsten Bedingungen bieten. Die Politik droht demgegenüber Schritt für Schritt ihre Fähigkeit zur Beeinflussung der Ereignisse zu verlieren, wenn es ihr nicht gelingt, diese Fähigkeit in internationalen und supranationalen Organisationsstrukturen neu wiederzugewinnen. Die Vollendung des Europäischen Binnenmarktes, die Umsetzung des Vertrages von Maastricht und schließlich neben der vertikalen auch die horizontale Erweiterung der Gemeinschaft durch die Einbeziehung der EFTA-Staaten in den »Europäischen Wirtschaftsraum« und die Heranführung der Staaten Mittel- und Osteuropas an die EU sind Schritte auf diesem Weg, der aber nicht bei Europa endet, sondern um die transatlantische Perspektive erweitert werden muß.

Allerdings gibt es auch in Europa Hemmnisse, die einer Hinwendung zum atlantischen Partner Grenzen setzen könnten.

Solch ein Hindernis sind wohl nicht die periodisch zwischen

Europa und den USA auftretenden handelspolitischen Streitfälle. Sicherlich ist die möglichst rasche und effektive Bearbeitung solcher Konflikte für die beteiligten Außen-, Handels- und Wirtschaftsfachleute eine auch unter dem Stichwort Pflege der transatlantischen Beziehungen wichtige und mit größtmöglicher Sorgfalt zu erledigende Aufgabe. Solche Konflikte sind aber nichts anderes als die wohl unvermeidlichen Reibungsverluste in einem der weltweit bedeutendsten wirtschaftlichen Kooperationsverhältnisse und insofern ganz unvermeidlich; in diesem Zusammenhang sei daran erinnert, daß nicht einmal die EU, die ja Handelsgrenzen längst beseitigt hat, ohne gelegentliche handelspolitische Auseinandersetzungen auskommt. Im übrigen ist die wirtschaftliche Verflechtung vor allem durch die gewaltigen gegenseitigen Investitionen, von denen es im transatlantischen Rahmen weitaus mehr gibt als etwa im amerikanisch-japanischen Verhältnis, so dicht, daß ein ernsthafter Handelskrieg unvermeidlich existentielle Auswirkungen haben müßte und sich von daher offensichtlich verbietet.

Wichtiger ist in diesem Zusammenhang der Wegfall des Ost-West-Konflikts. Dessen Vorhandensein ließ den Europäern ja gar keine Alternative hinsichtlich eines denkbar engen Verhältnisses zum amerikanischen Partner. Nie gab es einen Zweifel, daß Europa ohne Amerika und ohne enges innereuropäisches Zusammenwirken gegenüber dem sowjetischen Giganten offensichtlich auf verlorenem Posten stand – die durch diesen Sachverhalt begründete disziplinierende Wirkung ist vorerst weggefallen. Von daher rühren auch manche Unsicherheiten in der öffentlichen Debatte um eine fortdauernde amerikanische militärische Präsenz in Europa. Die Frage ist daher nun, ob die einzelnen Mitglieder der Gemeinschaft, die ja nach wie vor maßgeblich über das auf der gesamteuropäischen Ebene Mögliche bestimmen, unter den heute entstandenen Umständen es nicht vorziehen werden, unter Umgehung der europäischen Ebene selbst möglichst enge Beziehungen zum amerikanischen Partner anzustreben. Ein solches Vorgehen könnte sich aus einer an kurzfristigem Vorteil orientierenden Perspektive anbieten, und zwar als Mittel, so die USA gegen den einen oder anderen europäischen Partner in Stellung zu bringen. Dabei spielt auch eine gegenüber den Möglichkeiten der weiteren europäischen Integration skeptische Haltung eine Rolle: Wer ohnehin an das Ziel europäischer Integration nicht recht glauben mag, der wird naturgemäß zurückhaltend sein, wenn es darum geht, den europäischen Pfeiler des transatlantischen Bündnisses zu Lasten der europäischen Nationalstaaten und zugunsten der Gemeinschaft umzustrukturieren. Aus solcher Sicht liegt es nahe, vertraute Wege zu gehen und nach dem Prinzip, lieber einen Spatz in der Hand als eine Taube auf dem Dach zu haben, die Verbindungen zu Amerika in erster Linie an den Nationalstaaten zu verankern. Insofern stünde hier im neuen Gewande eine Neuauflage der alten Debatte zwischen »Atlanticists« und »Europeans« an.

Wollen die Europäer nicht ihre Zukunftsfähigkeit verlieren, wird man ihnen nur abraten können, sich auf eine solche Alternative einzulassen. Im Grunde geht es ja hier nur um das gleiche Prinzip, das den gesamten Prozeß der europäischen Integration beherrscht. Europa wird nur gelingen, wenn seine Mitglieder zum eigenen wie zum Vorteil aller die Gesamtheit ihres politischen Kapitals einbringen – und hierzu gehört eben auch die transatlantische Partnerschaft. Wer aber glaubt, daß man Teile davon zum exklusiven eigenen Nutzen zurückbehalten kann, der hat damit nur gezeigt, daß der Gedanke der europäischen Integration nicht verstanden wurde.

Freilich sei an dieser Stelle ausdrücklich vor der Gefahr des Voluntarismus gewarnt. Die europäische Integration ist ebensowenig wie deren Einbeziehung in die transatlantische Partnerschaft eine Entwicklung, die sich nur deswegen einstellen wird, weil sie in Reden dem Publikum als wünschenswerte Perspektive empfohlen wird. Beides kann nur gelingen durch ständige politische Arbeit und in klarer Erkenntnis der entgegenstehenden Hindernisse. Nicht zuletzt die schwierigen Diskussionen über die Ratifikation des Maastricht-Vertrages in einigen Mitgliedsländern der EU sind insoweit eine deutliche Warnung.

Das Ende der Selbstverständlichkeiten ist angebrochen

Europa und Amerika durchlaufen beide schwierige innere Prozesse der Modernisierung und Neuorientierung, die in vielfachen gegenseitigen Wechselbeziehungen zu den neuen weltpolitischen Bedingungen stehen. Wir müssen zur Kenntnis nehmen, daß eine einfache Fortschreibung auch vorzüglich bewährter Rezepte aus der Vergangenheit nicht reichen wird.

Was also werden die großen Themen der transatlantischen Partnerschaft der Zukunft sein? Zwei Tendenzen zeichnen sich ab. Dabei bedarf es keiner besonderen Phantasie vorauszusagen, daß die frühere Dominanz sicherheitspolitischer Fragen der Vergangenheit angehört, auch wenn dieses Thema unter anderem im Zeichen neu aufgebrochener Nationalismen zweifelsohne weiter eine gewichtige Rolle spielen wird.

- Mindestens seit dem Zweiten Weltkrieg hatte Europa Amerika als nachahmenswertes Vorbild entdeckt. Damit hatte sich das bis etwa zum Ersten Weltkrieg bestehende Verhältnis in sein genaues Gegenteil verkehrt. Während vor dem Ersten Weltkrieg ein Aufenthalt in Europa zum festen Bestandteil der Biographie eines jeden amerikanischen Intellektuellen gehörte, waren es seit dem Ende der dreißiger Jahre die Europäer, die nach Amerika kamen. In Technik und Naturwissenschaften, bei Hochschulwesen und Wirtschaftsmanagement, gleich ob es um Entwicklungen in den Künsten oder um neue soziale Anfragen wie die Bürgerrechtsbewegung und der Vietnamprotest in den sechziger Jahren ging – in allem waren die USA orientierend, oft dominierend.

  Heute wird erkennbar, daß sich dieses Gefälle abgleicht. Der neue amerikanische Präsident Clinton hat bei der öffentlichen Präsentation der zentralen innenpolitischen Herausforderungen immer wieder auf das Ausland verwiesen, das nach seiner Ansicht auf vielen Feldern, zum Beispiel bei der Sozial- und Bildungspolitik, beim Gesundheitswesen, der Industriepolitik und auch anderswo, bessere Lösungen gefunden habe als die USA. In dieser Haltung offenbart sich eine ganz neue Hinwendung Amerikas zur Außenwelt. Amerika erkennt an, daß es nicht nur Vorbild für die Welt ist, sondern in seinem Verhältnis zur Außenwelt ebenso der empfangende Teil sein muß. Die neue Administration beweist ein großes Interesse an einem neuen und umfassenden kulturell-intellektuellen Diskurs zwischen Amerika und seinen Partnern. Damit zeigt sich: Europa ist in wichtigen Fragen gesellschaftlicher Bezugspunkt für die inneramerikanische Debatte um Reformen auf wichtigen Feldern der Innenpolitik, so wie dies umgekehrt mindestens seit dem Zweiten Weltkrieg gilt. Die beiden atlantischen Gesellschaften erwachsen in die Rolle gegenseitiger Referenzgesellschaften. In diesem Prozeß aber – so steht zu erwarten – werden sie einander in vielem ähnlicher werden. Hier bahnt sich die Perspektive einer ganz neuen und diesmal transatlantischen »Konvergenz der Systeme« an.

- Amerika und Europa sehen sich ähnlichen, zum Teil gleichen zivilisatorischen Herausforderungen gegenübergestellt. Fragen an die Zukunft des Individuums und der Gesellschaft gehören zu ihnen ebenso wie Fragen an die Zukunft der gesamten Staatengemeinschaft: demographische Entwicklungen, Wanderbewegungen, Erhalt der Umwelt, Sicherung der Energiequellen, Fortschritt der wissenschaftlichen Erkenntnis.
  Viele dieser Entwicklungen können nicht mehr nur staatenübergreifend, sie müssen global und durch die Menschheit als Ganzes erfolgreich gelöst werden. Nur Amerika und Europa können dabei die Rolle der Vorreiter übernehmen; niemand sonst steht für diesen Part bereit. Im Zuge dieser Entwicklung wird es darum gehen, daß sich die USA und das sich vereinigende Europa als Lern- und Problemlösungsgemeinschaft begreifen und als solche neue Leitbilder des konstruktiven Miteinanders setzen. Die transatlantische Partnerschaft in der Drohkulisse des Ost-West-Konflikts wird so abgelöst durch die Gemeinschaft der Stabilitätsproduzenten und Problemlöser.

Beide der hier skizzierten Entwicklungen schaffen einen transatlantischen Abstimmungsbedarf ohnegleichen. Damit ist die Frage nach den prozeduralen Entscheidungsstrukturen aufgeworfen. Die Europäische Gemeinschaft hat eine ähnliche politische Herausforderung mit der Erfindung des Instruments der Europäischen Politischen Zusammenarbeit (EPZ) beantwortet. In einem Prozeß der geradezu permanenten Kommunikation vollzieht sich im Rahmen der EPZ von Augenblick zu Augenblick das millimeterweise Ablagern von Übereinstimmung. In einem außerordentlich dichten Netzwerk von geregelten Kontakten werden nach dem Konsensprinzip gemeinsame Nenner für praktisch alle Fragen der internationalen Politik gesucht. Die transatlantische Gemeinschaft der Zukunft wird ein vergleichbares Kommunikationsmittel schaffen müssen, eine Art »Atlantischer Politischer Zusammenarbeit«.

Die europäisch-amerikanische Partnerschaft hat sich in einer Zeit des Wandels zu bewähren. Sie ist zugleich eine entscheidende Voraussetzung, um die Tagesordnung der Zukunft anzugehen.

DIE NEUE WELTORDNUNG SIEHT JAPAN AUF OSTASIENKURS

Von Hans Wilhelm Vahlefeld,
ehemaliger Fernseh- und Hörfunkkorrespondent in Tokio, Hongkong und Washington

George Shultz, amerikanischer Außenminister in der Ära von Präsident Reagan, erzählt in seinen Memoiren *Turmoil and Triumph* folgende Begebenheit: Auf dem Weltwirtschaftsgipfel 1985 in Bonn äußerte sich der französische Präsident Mitterrand äußerst skeptisch gegen diese Art von Mammutkonferenzen und sagte, weil er sie für wertlos halte, werde er ihnen möglicherweise in Zukunft fernbleiben.

Daraufhin stand der japanische Ministerpräsident Nakasone auf und entgegnete sinngemäß: »Betrachten Sie, bitte, einmal meine Situation. Japan ringt mit dem Konzept westlicher Demokratie, und wir strengen uns an, daß es funktioniert. Aber welches andere Land in Ostasien ist wirklich demokratisch? Um Demokratien zu finden, müssen wir den weiten Weg bis Australien und Neuseeland gehen. Deshalb sind die Weltwirtschaftsgipfel mit Ländern, die frei und demokratisch sind, für Japan von großer symbolischer Bedeutung. Sie bedeuten uns viel, und deshalb sollten sie auch Ihnen viel bedeuten, weil Japan Teil des demokratischen Weltsystems ist.«

US-Außenminister Shultz war tief beeindruckt, ging auf den japanischen Ministerpräsidenten zu und sagte ihm ein paar ermutigende Worte. »The Europeans did not seem to get the point. No one said a word to Nakasone« – die Europäer begriffen überhaupt nicht, was Nakasone gemeint hatte, und schwiegen.

Die Geschichte symbolisiert Dramatik und Tragik des in Sonntagsreden so oft gefeierten Weltwirtschaftsdreiecks Europa–USA–Japan. Da wirbt einer der prowestlichsten Regierungschefs von Japan für seine Bemühungen in Richtung Demokratie und Anbindung seines Landes an den Westen, aber die Europäer reagieren stumm. Der einzige, der sein Streben honoriert, ist der Amerikaner.

Im Weltwirtschaftsdreieck ist nur der Schenkel USA–Japan muskulös. Die politische Vernunft hat nach dem Krieg zwei Länder einander nahegebracht, deren kulturelle Unterschiede kaum überbrückbar sind. Tokio und Washington müssen um ihre Beziehungen tagtäglich ringen. Trotz deklamatorischer Erklärungen auf beiden Seiten, die Partnerschaft sei ein Eckpfeiler nicht nur bilateral, sondern für den gesamten pazifischen Raum, können vollmundige Worte die permanenter und gereizter werdenden Reibereien nicht totreden. Auf beiden Seiten des Pazifiks schlagen inzwischen Handelskrieger die Trommeln.

Für Europäer aber liegt Japan noch immer »hinten fern in der Türkei«. Die romantischen Klischees von Geishas, Kirschblüten und dem heiligen Berg Fuji sind zwar abgestorben, aber dafür wurden neue geboren: Korruption, Yakusa und Workaholics. Um Japan gerungen haben Europäer noch nie.

Japaner ihrerseits ringen um Europa auch nicht mehr. Für sie ist die Alte Welt inzwischen nur noch ein herrliches Urlaubsparadies mit Festspielen in Salzburg und Bayreuth, mit Museen, Opernhäusern, Burgen und Schlössern. In Europa hat die Wiege der Industrialisierung gestanden, aber im Zeitalter der Zukunftstechnologie ist sie nur noch ein Museumsstück.

Der Schenkel Europa–Japan im weltwirtschaftlichen Dreieck ist blutleer, der andere über den Pazifik von Amerika nach Japan seit Jahren strapaziert und zum Zerreißen gespannt. Und jetzt dämmert auch noch langsam das Jahr 1997 herauf. Dann gibt Großbritannien seine Kronkolonie Hongkong an die Volksrepublik China zurück. Die letzte Bastion europäischer Kolonialmächte in Ostasien fällt. Macao, das die Portugiesen erst zwei Jahre später den Maoisten überantworten, zählt nicht mehr. Dort residierte der portugiesische Gouverneur seit der Kulturrevolution nur noch von Pekings Gnaden. 1997 geht der Traum in Erfüllung, den ostasiatische Nationalrevolutionäre während des Kolonialzeitalters immer geträumt haben: »Ostasien den Ostasiaten!«

Im Strom dieser neuen Zeit treibt der Wirtschaftsriese Japan ankerlos. Er ist in keine »Asiatische Gemeinschaft« und kein der transatlantischen NATO entsprechendes transpazifisches Bündnis eingebunden. Den Sicherheitsvertrag mit den USA haben Japaner immer nur als eine Folge des verlorenen Krieges akzeptiert, aber nicht als militärische Absicherung einer emotionalen Wertegemeinschaft.

Für Washington hat der Vertrag seit dem Ende des kalten Krieges an geostrategischer Bedeutung verloren. Bis dahin überlagerte das Militärbündnis die amerikanischen Handelsinteressen. Das letzte Wort sprachen in der Japan-Strategie die Militärs im Pentagon und die Diplomaten im State Department. Heute argumentieren sie leiser, lauter aber der Handels- und Finanzminister. Denkbarer als in der Vergangenheit kann der auf beiden Seiten eingeübte verbale Schlagabtausch über den Pazifik zum Handelskrieg eskalieren.

Japan aber hat vorgebaut. Einem Lotsen gleich steht es heute auf der Brücke des Containerriesen Ostasien. Die Ströme seiner Investitionsmilliarden haben den Erdteil in eine Europäer und Asiaten faszinierende Wirtschaftswunderzone hinaufkatapultiert. So mancher, der dort das Sagen hatte, gehörte während des Krieges zu den von den Japanern umworbenen Kollaborateuren.

Der indonesische Freiheitsheld Sukarno, Präsident von 1957 bis 1967, verleugnete die Kollaboration mit den Japanern nie. Ohne Japan hätte es seiner Meinung nach für Indonesien nie die Unabhängigkeit von der holländischen Kolonialherrschaft gegeben. Sein Nachfolger, der heute noch regierende Staatspräsident Suharto, begann seine Karriere ebenfalls unter den Japanern, als Leutnant in der von ihnen ausgerüsteten Armee.

Ein dritter Staatspräsident mit einer Vergangenheit projapanischer Kollaboration war der Birmane Ne Win. Er regierte von 1962 bis 1981. Als junger Student antibritisch, wurde er von Japanern außer Landes gebracht und militärisch ausgebildet. Mit den japanischen Eroberern kehrte er in seine Heimat zurück.

Als die japanischen Truppen in Burma, Malaya und Indonesien einfielen, wurden sie von der Bevölkerung – mit Ausnahme der chinesischen Minderheiten – grundsätzlich als Befreier vom kolonialen Joch begrüßt. Sie konnten es sogar wagen, Freiwilligenverbände aufzustellen, die in der Etappe Dienst taten. Aus diesen gingen später die regulären nationalen Armeen hervor, deren Generale und Offiziere zum großen Teil von Japanern geschult, gedrillt und im Geist des Nationalismus politisiert worden waren. Nie haben diese Kollaborateure die Brücken zu ihren japanischen Lehrmeistern abgebrochen. Davon profitiert die japanische Industrie bei ihren südostasiatischen Wirtschaftsstrategien noch heute.

Auf dem Kriegsschauplatz Südostasien gab es keine Quislinge, die wie Vidkun Quisling, der in Norwegen während der deutschen Besatzungszeit Regierungschef war, nach dem Kriege angeklagt und hingerichtet wurden. Jene, die mit den Japanern kollaboriert hatten, traf der Makel des Vaterlandsverrats nicht. Quislinge waren nur ein Phänomen aus deutschen Kriegsjahren in Europa. Trotzdem aber halten Deutsche an der Glaubensgewißheit fest, die Japaner seien in Südostasien unbeliebter als sie in Europa.

Japan hat Ostasien wiederentdeckt, eine Epoche der Rückbesinnung ist angebrochen. Es ehrte die vor seiner Haustür gelegene dynamischste Wirtschaftsregion der Erde durch den Besuch des Tenno. Die erste Auslandsreise des neuen Kaisers Akihito galt Südostasien, die zweite China. In der für das Ausland bestimmten offiziösen Public-Relations-Zeitschrift *Japan Echo* war zu lesen: »In Japan the new spirit of Asianism is pulling people's attention away from the West and stimulating the launching of a dynamic new Asia policy« – der neue Geist des Asianismus zieht die Aufmerksamkeit des japanischen Volkes vom Westen ab und stimuliert den Beginn einer dynamischen neuen Asien-Politik.

Konkurrenten im Westen sind inzwischen der Meinung, die Japaner seien in Ostasien nicht mehr einzuholen. Die meisten Regierungen und Völker dort scheinen »die Überlegenheit der japanischen Wirtschaft gegenüber der europäischen Wirtschaft vorbehaltlos anzuerkennen«, erklärte der Vorsitzende des Ostasiatischen Vereins, Edgar Nordmann. »Disziplin, Effizienz, Erfolge scheinen den Triumph einer östlichen Gesellschaft und Kultur über den erschlaffenden Westen anzuzeigen. Im Wettbewerb der Systeme hat das japanische offenkundig gesiegt.«

Zunächst sahen Japaner Südostasien nur als Rohstoffbasis. Von dort kamen die Rohstoffe, die das »Ruhrgebiet« Japan benötigte. Dann wurden als Quelle des Reichtums auch Südostasiens niedrige Löhne entdeckt. Also investierten die Japaner, um »Ramsch« zu produzieren. Diese Phase aber ist längst vorbei. Jetzt investieren sie in hochmoderne Industriebetriebe der Zukunftstechnologie.

Hat Japan das gleiche mit China vor? Zuerst Rohstoffbasis, dann Billiglohnland für Billigprodukte und dann eines Tages Billiglohnland für Hochtechnologie? Das Handelsvolumen zwischen beiden Ländern steigt sprunghaft – Anfang der neunziger Jahre mit Wachstumsraten von 25 Prozent. Japan ist Chinas zweitgrößter Handelspartner geworden. Als der wirtschaftliche Reformkurs Deng Xiaopings unumkehrbar schien, stieg es ab Mitte der achtziger Jahre groß mit Investitionen ein. Hinter Hongkong und Taiwan avancierte Japan zum drittgrößten Investor.

Präsident Nixon verkaufte während seines sensationellen Besuches in Peking seinen Gesprächspartnern Mao Tse-tung und Chou En-lai das amerikanisch-japanische Bündnis noch mit dem Argument, es liege im Interesse der Volksrepublik, denn ein an die USA gebundenes Japan könne keine politischen, geschweige denn militärischen Sonderwege gehen. Mit anderen Worten: Die Amerikaner würden schon dafür sorgen, die Japaner unten zu halten – »To keep the Japanese down.«

Die Vorstellung von einem an amerikanischen Zügeln gehaltenen Japan überzeugte damals die Machthaber in Peking und auch die Regierenden in den Hauptstädten der kleinen Länder. Aber der unter Journalisten kursierende Slogan: »To keep the Japanese down« wird auf lange Sicht die Amerikaner in Ostasien nicht halten können. Diese Art von Begründung gegenüber der Bevölkerung und dem Kongreß gleitet Präsidenten im Weißen Haus unter den Fingern weg. Schon in Europa tut sich Washington mit der Stationierung von Truppen schwer. Wie viel mehr gilt das erst für einen Erdteil, der den Amerikanern kulturell fremd ist und in dem sie sich nicht zu Hause fühlen. Ihre 90 000 in Südkorea und Japan stationierten Soldaten können in ihren Gastvölkern nicht wie Fische im Wasser schwimmen, bleiben ohne kulturelle Einbettung Fremde und könnten eines Tages sogar als Besatzer empfunden werden.

Mit dem Ende des kalten Krieges, dem Wegfall der geostrategischen Geschäftsgrundlage ist auch in Ostasien alles anders geworden. Unabhängiger, souveräner und nationaler denn je haben jene beiden Völker die Weltbühne betreten, auf die in Ostasien und auch im Westen alle starren: Japan und China.

Rivalen sind sie, aber sind sie zu vergleichen mit den Rivalen Deutschland und Frankreich in Europa? Wenn Japaner und Chinesen heute nach zwei Weltkriegen das deutsch-französische Verhältnis immer noch für irreparabel halten würden, gäben sie sich einem Irrtum hin. Einem ähnlichen Irrtum kann der Westen unterliegen, wenn er glaubt, die Beziehungen zwischen Tokio und Peking gingen über die in Friedenszeiten übliche Normalität zwischen Völkern nicht hinaus.

Gegenwärtig ist zwischen Japan und China eine Brücke im Bau. Den ersten Spatenstich tat der Reformer Deng Xiaoping. Er besuchte 1978 als erster Maoist aus dem inneren Zirkel der Macht Japan, ging auf Ministerpräsident Fukuda zu und umarmte ihn. Der Japaner war geschockt, denn wie alle seine Landsleute scheute er die körperliche Berührung; Japaner verbeugen sich nur, reichen inzwischen aber doch schon die Hand. Für das um die Welt gehende Foto lieferte der Chinese die imponierenden Worte: Eine Milliarde Menschen hätten Friede und Freundschaft geschlossen.

Über zwei Stunden dauerte die Audienz Deng Xiaopings beim Tenno, bei Kaiser Hirohito. Dieser hatte dem Krieg gegen China seinen Namen geliehen und alles, was damals passiert war, mit seinem Namen gedeckt: den Raub der Mandschurei, die Bomben auf Shanghai, die Blutorgie einer blindwütigen Soldateska in Nanking. Der Kriegs-Tenno sprach von »unglücklichen Vorfällen« in der langen Geschichte der japanisch-chinesischen Beziehungen – und das Ungewöhnliche geschah: Deng übernahm die japanische Sprachregelung. In der zweitausendjährigen Freundschaft zwischen beiden Völkern habe es einen »unglücklichen Abschnitt« gegeben.

Das China Deng Xiaopings wiederholte den Kotau, als der Sohn des Kriegs-Tenno, Kaiser Akihito, 1992 als erster Tenno der Volksrepublik einen Besuch abstattete. Er bedauerte die »unglückliche Periode, in der mein Land dem chinesischen Volk großes Leid zugefügt hat«. Fast wortwörtlich, als habe er es von seinem Gast abgeschrieben, antwortete der chinesische Staatspräsident Yang Shangkun: »Bedauerlicherweise haben die Beziehungen in der neueren Geschichte eine unglückliche Periode durchgemacht, die dem chinesischen Volk enormes Leid zufügte.«

Deng Xiaoping gab die Parole aus: »Was in der Vergangenheit geschehen ist, ist vorbei!« Er verordnete den eine Milliarde Chinesen, von Japan zu lernen, und kündigte seinen Gastgebern die Ankunft von 50000 chinesischen Studenten an.

Plötzlich feierten die Pekinger Medien die Japaner als fleißig, intelligent und sogar tapfer.

Während des Brückenbaus über das Meer, das China und Japan trennt, gab es, wie bei Großprojekten immer, Reibereien und Meinungsverschiedenheiten. Peking kritisierte die Teilnahme japanischer Regierungschefs an den Gedenkfeiern für die Gefallenen am Yasukuni-Schrein, einem Symbol der Vermählung von Schinto-Religion und Militarismus. Dort ruhen auch die Seelen der von den Amerikanern gehängten Kriegsverbrecher.

China protestierte gegen japanische Schulbücher, die den Aggressionskrieg verharmlosten und Kriegsverbrechen herunterspielten. Peking empörte sich über nationalistische Reden von Japanern mit Rang und Namen, die ihr Volk von jeder Kriegsschuld reinwaschen wollten.

Deng Xiaoping aber ließ die antijapanischen Regungen, in jeder Phase vom Regime gelenkt, nicht überkochen. Mit dem Beben, das die deutsch-amerikanischen Beziehungen 1985 über Bitburg erschütterte, war das alles nicht zu vergleichen. Über den Gräbern des Soldatenfriedhofs dort sollten sich Präsident Reagan und Bundeskanzler Kohl als telegene Apologeten für die Aussöhnung zwischen Amerikanern und Deutschen die Hand reichen. Als aber in Bitburg Gräber gefallener SS-Angehöriger entdeckt wurden, brach in den amerikanischen Medien und im Kongreß die Hölle los. Einen vergleichbaren Taifun, der die Emotionen fast bis zum Bruch zwischen den Regierungen aufwühlte, hat es in der Ära Dengs zwischen China und Japan nicht gegeben.

Damit der Besuch des ersten Tenno in seinem Land ein Erfolg

wurde, ließ der mächtige Deng Xiaoping, obgleich protokollarisch ein Nobody, da er kein einziges offizielles Amt bekleidet, antijapanische Aktivitäten verbieten. »Bürgerinitiativen« wollten Kaiser Akihito angeblich mit Forderungen nach individueller Entschädigung konfrontieren, unter anderem für die »Trostfrauen«, die während des Krieges in japanische Militärbordelle verschleppt worden waren.

Deng hat im Seegebiet zwischen China und Japan viele Minen entschärft. Tokio honorierte sein Entgegenkommen dadurch, daß es nach langem Zögern den Tenno in die Volksrepublik reisen ließ – in einer Zeit, da China außenpolitisch in Quarantäne lebte. Im Juni 1989 hatten auf dem Platz des Himmlischen Friedens in Peking Panzer den Durst junger Menschen nach etwas mehr Freiheit in Blut und Tränen erstickt. Westliche Regierungen schnitten und mieden das Regime fortan.

Tokio aber gab für den Kaiserbesuch, den allerersten in der langen Geschichte, grünes Licht. Es scheute die Sensation nicht und riskierte Verdächtigungen einer »Achse« zwischen Japan und China, eines Wiederauflebens panasiatischer Bruderschaftsgefühle, einer Abwendung vom Westen und Hinwendung nach Ostasien.

Panasiatische Bruderschaftsgefühle haben in Japan eine hundertjährige Tradition. Nach der Modernisierung während der Meiji-Ära und nach der »Amerikanisierung« aufgrund des verlorenen Krieges zeigten besonders Intellektuelle ein Heimweh nach Ostasien, vor allem nach der Mutter ihrer Kultur – nach China. In den fünfziger und sechziger Jahren war nur Amerika-Hörigkeit ein Vorwurf, China-Hörigkeit nie.

Ein politisches, von Europäern kaum gesehenes Zeichen in Richtung China setzte der japanische Ministerpräsident Kaifu im Juli 1990 auf dem Weltwirtschaftsgipfel im texanischen Houston. Nordamerikaner und Europäer wollten dort Solidarität mit Gorbatschow dokumentieren. Für sie fielen die Würfel der Zukunft in Moskau. Gorbatschow oder das Chaos! Also wollten sie ihm helfen und für seine Reformen sammeln.

Doch der Japaner Kaifu verweigerte sich. Er plädierte für Hilfe an China. Als Nordamerikaner und Europäer sie ablehnten und die Daumenschrauben der Sanktionen gegen die Volksrepublik nicht lockerten, stand der Japaner auf und erklärte sinngemäß: Vor die Entscheidung entweder China oder die Sowjetunion gestellt, ergreife er Partei für China. Tokio werde den aufgrund des Tiananmen-Massakers auf Eis liegenden Kredit an Peking in Höhe von 5,9 Milliarden Dollar freigeben. Seinem einsamen Entschluß schickte Kaifu noch die Worte hinterher, so lange Moskau die 1945 besetzten Südkurileninseln an Japan nicht zurückgebe, werde Tokio an Gorbatschow keinen Pfennig zahlen.

Was die ehemalige Sowjetunion für den Westen, ist China für Japan. Daran ändert auch die Bereitschaft zum Kompromiß nichts, die sich bei Jelzins Besuch im Oktober 1993 in Tokio, wenige Tage nach den bürgerkriegsähnlichen Wirren in Moskau, über den Territorialstreit abgezeichnet hat. Seit den Tagen in den klimatisierten Sitzungssälen im glühendheißen Houston geht der Verdacht um, Japan könne andere Wege als der Westen gehen, Amerika und Europa vernachlässigen, dafür China und Ostasien wiederentdecken.

Mit überraschender Gelassenheit verfolgen Regierung und Medien in Tokio Chinas territoriale Ansprüche auf die Spratlyinseln im Südchinesischen Meer und auf die Senkakuinseln zwischen Taiwan und Okinawa. Mit erstaunlicher Ruhe registrierten sie auch die Tendenzen zur Modernisierung der chinesischen Armee. Deren atomare Bewaffnung hat ihnen noch nie ernsthaftes Kopfzerbrechen bereitet. Auf Schweigen aus Japan kann China auch in der Menschenrechtsfrage rechnen. Das Pekinger Regime braucht »ideologische Luftverschmutzung«, die Anmahnung von Rechten und Freiheiten, von den Japanern nicht zu befürchten.

Gemessen an dem politischen Sperrfeuer während der Ära Mao Tse-tungs aber kann Japan aus dem China Deng Xiaopings auch mit Schweigen rechnen. Peking zeigt sich zwar gelegentlich ungehalten über ein Wiederaufleben des japanischen »Militarismus«, aber packt den Stier auffallenderweise nicht bei den Hörnern. Unbemerkt von der Öffentlichkeit unterhält Japan inzwischen die hinter den USA finanziell am großzügigsten ausgestattete Armee der Welt. Seine Verteidigungsausgaben beliefen sich 1992 auf 36,5 Milliarden Dollar für eine Armee von 245 000 Soldaten. China hingegen standen für seine drei Millionen Soldaten offiziell nur 7 Milliarden Dollar zur Verfügung (nach amerikanischen Schätzungen 14 Milliarden).

Unter Deng Xiaoping in Peking kommt Japan seinem in allen Nachkriegsjahren gehegten Wunsch nahe, mit China nicht nur normale, sondern »besondere« Beziehungen zu unterhalten. Wegen der extremen Pendelausschläger der innerchinesischen Entwicklung hat sich in der Vergangenheit eine Special relationship immer wieder zerschlagen. Heute aber zeigt sie erste Konturen.

Der schon zu Anfang zitierte amerikanische Außenminister Shultz schreibt in seinen Memoiren: »China was always a subject of fascination to the Japanese« – von China ging auf die Japaner immer eine Faszination aus. Damit ließ der Außenminister der Konkurrenzmacht Amerika anklingen, daß beim Thema China für Japaner mehr als nur Politik im Spiel war. Da war nicht nur ihr Kopf, sondern auch ihr Herz involviert.

Japaner sind sich ganz sicher, daß nur sie die Chinesen letztlich verstehen können. Dank ihrer rassischen und kulturellen Verwandtschaft seien nur sie in der Lage, Chinas Dolmetscher zu sein, denn sie erspürten ihr kontinentales Nachbarvolk durch die Haut. Für Japaner war Mao Tse-tung kein Kommunist, sondern ein Chinese, und für sie ist China nicht kommunistisch, sondern chinesisch. Als US-Präsident Nixon seine sensationelle China-Reise antrat, mußten Amerikaner das Schlagwort vom »evil empire« vergessen – Japaner hatten es nie nachgesprochen.

Von der Schulbuchweisheit, daß die »Erbfeindschaft« zwischen Japanern und Chinesen ewig währe, muß der Westen Abschied nehmen; von der »Erbfeindschaft« zwischen Deutschen und Franzosen hat er auch Abschied genommen. Zwischen Tokio und Peking zeichnet sich eine dem deutsch-französischen Verhältnis vergleichbare Beziehung ab. Sie gründet nicht auf idealistischen Freundschaftserklärungen, sondern auf parallel laufenden Interessen. Nicht heiße Herzen stehen Pate, sondern kühle Köpfe. Das China Deng Xiaopings will sich modernisieren – Japan weiß, wie es geht. Tokio ist besorgt um einen »kalten Krieg« zwischen China und den USA – Peking bereit, japanische Vermittlungsdienste anzunehmen.

Auf absehbare Zeit ist eine Achse Japan–China ein Horrorszenario aus europäischen Archiven der »gelben Gefahr«, eine Koalition »Japan plus China« aber denkbar. Noch ist sie für die neue Weltordnung nur eine Wahrscheinlichkeitsrechnung, aber angesichts der bereits gängigen Formel, das nächste werde das Jahrhundert Ostasiens sein, sollte Europa, zur Zeit nur mit sich selbst beschäftigt und seine blutigen Wunden leckend, »Japan plus China« als feste Größe in die ostasiatische Herausforderung einkalkulieren.

EINE NEUE POLITIK FÜR EIN FRIEDVOLLES ZUSAMMENLEBEN IN EUROPA

Von Dieter Senghaas,
Professor für Friedens-, Konflikt- und Entwicklungsforschung an der Universität Bremen und Forschungsprofessor in der Stiftung Wissenschaft und Politik in Ebenhausen

In diesen Jahren stehen die Welt insgesamt und in ihr insbesondere auch Europa vor einer grundlegenden Alternative: Entweder wird es aufgrund bewußter und gezielter Anstrengungen zu einer Weiterentwicklung internationaler Politik im Sinne ihrer Zivilisierung kommen, oder wir werden einen Zerfall schon erreichter Kooperationsgefüge der internationalen Politik insgesamt und auch in Europa erleben. Die Alternative lautet also: kooperationsorientierte Weiterentwicklung, politische Evolution bzw. Zivilisierung einerseits oder Zerbröselung, Auflösung, Zerfall, also Regression andererseits. Die bloße Ausrichtung des Denkens und des Handelns auf den Status quo wird aller Wahrscheinlichkeit nach das Abdriften in die Regression fördern. Akzentsetzungen in Richtung auf Zivilisierung sind demzufolge unerläßlich, selbst wenn man nur das Erreichte bewahren wollte, denn das internationale System wird untergründig immer noch durch Staatenanarchie und deren pathologisierende Dynamik geprägt.

Zivilisierung oder Regression

Regression käme einer Entzivilisierung gleich, beispielsweise wenn ein einmal erreichter Konsens über bestimmte Normen wie das prinzipielle Gewaltverbot zerbröselt; weiterhin, wenn multilaterale Institutionen zerfallen und Chaotisierung eintritt; wenn die materielle Grundlage politischer Gemeinschaften schwindet und Affektpolitik die Oberhand gewinnt. Regression berührt Normen, Institutionen und die materielle Grundlage von politischen Gemeinschaften und damit auch in der Folge entsprechende Gefühlslagen.

Auf die Welt und Europa bezogen, bedeutet Regression: Zerfall der Triade und Renaissance einer enthemmten Geopolitik zwischen den USA, Japan und dem EU-Europa; Rückbildungsprozesse innerhalb des EU-Europas mit der Folge einer Erosion von Multilateralismus und eines Wiederauflebens konflikthafter, gegebenenfalls antagonistischer Bilateralismen im Sinne der politischen Zustände der zwanziger und dreißiger Jahre dieses Jahrhunderts. Eine Renationalisierung der Außenwirtschaftspolitik wäre dabei ebenso unausweichlich wie die Renationalisierung von Sicherheitspolitik. Das heißt aber: Aktualisierung neuer (und in vieler Hinsicht historisch alter) Sicherheitsdilemmata im westlichen Teil Europas, wo dieser Zustand ein für allemal als überwunden galt.

In einem solchen Umfeld bestünde auch nicht mehr die Chance, das östliche Europa in sich europäisierende westeuropäische Institutionen einzubinden, denn von diesen Institutionen würde keine Ausstrahlung und keine Sogwirkung mehr ausgehen. Die Hoffnung auf eine Einbindung und Sozialisierung des östlichen Europa in neue gesamteuropäische Institutionen bliebe ebenfalls trügerisch. Nicht Erfolge von Reformvorhaben wären zu erwarten, sondern der Zerfall von Staatlichkeit, das Dahinsiechen der Ökonomie, sich zuspitzende soziale Problemlagen sowie unbeherrschbar werdende Konflikte innerhalb der östlichen Gesellschaften und zwischen ihnen.

Mehr als heute schon würde sich Gesamteuropa zunehmend zerklüften: Die Idee eines einheitlichen Rechtsraumes würde zur Fiktion. Statt gemeinsamer Sicherheitsstrukturen käme es zu Miniallianzen und Gegenallianzen. Anstelle eines allmählich sich herausbildenden gesamteuropäischen Wirtschaftsraumes träten krasse Zentrum-Peripherie-Strukturen. Nationalismen und Chauvinismen, Fremdenhaß und Feindbilder würden die Vorstellung von Europa als attraktivem Raum kultureller Koexistenz ad absurdum führen. Alte Trennlinien würden bedeutsamer sein als zukunftsweisende Europa-Projekte.

Wenn in der Folge von Demokratisierung die Politisierung von Gesellschaften voranschreitet, ohne daß institutionelle Auffangnetze für eine verläßliche Einhegung der damit zusammenhängenden Konflikte zur Verfügung stehen, schlägt die Stunde der Affektpolitik. Solche Politik ist nicht auf Kompromiß ausgelegt, sondern baut auf einer zugespitzten Nullsummenmentalität auf. Sie zielt auf kurzfristigen Erfolg, auch wenn sie, von außen betrachtet, selbstschädigend und kurzsichtig ist. Nicht die Zivilisierung von Konfliktbearbeitung, sondern ein höherer Gewaltpegel wäre zu erwarten, vor allem dort, wo allermeist Affektpolitik in Reinkultur sich äußert: in ethno-nationalistischen Konfliktlagen.

Wenn Regression und also nicht Zivilisierung entwicklungsbestimmend würde, wäre weder eine Ökonomisierung der internationalen Politik noch deren überfällige Ökologisierung zu erwarten, sondern Militarisierung. Internationale Abmachungen in den sicherheitspolitischen, weltwirtschaftlichen und ökologischen Problemfeldern würden an regulativer Kraft verlieren und tendentiell zerbröseln; neue, längst überfällige internationale Regelwerke würden nicht oder nur noch schwerlich zustande kommen. Die Ausweitung von menschenunwürdigen Lebensverhältnissen würde fundamentalistische politische Strömungen nachhaltig befördern; weltweit würden Flüchtlingsströme zunehmen, Aids und Drogenhandel sich ausbreiten und Terrorismus wieder aufleben. Auch Europa könnte sich deren Folgen nicht entziehen.

Regellosigkeit, Mangel an Erwartungsverläßlichkeit und Machtpolitik im Sinne der klassischen Definition, nämlich den eigenen Willen auch gegen den Widerstand anderer durchzusetzen, würden die politische Szene in und zwischen Gesellschaften charakterisieren. Solche Machtpolitik träte erneut an die Stelle der umsichtigen Steuerung von Interessenverflechtungen, also an die Stelle von Interdependenzmanagement.

Die Welt als Schrecken? Das regressive Szenario ist keine Überdramatisierung. In vielen Teilen der Welt stellt sich die Welt als Schrecken dar, und in vielen Teilen Europas ist die Lage nicht weniger dramatisch. Fatalerweise werden solche Situationen nicht nur als Warnungen begriffen; oft wirken sie geradewegs anstekkend. Nur selten bereinigen sie sich schnell aus sich selbst heraus.

Gerade in einer Situation großer Unübersichtlichkeit und drohender Chaotisierung bedarf es der klaren Orientierung, um den regressiven Tendenzen wirksam entgegenarbeiten zu können und trotz aller Widrigkeiten den Prozeß der Zivilisierung internationaler und damit auch europäischer Politik zu befördern.

Zivilisierung bzw. *politische Evolution* auf Europa bezogen hieße demgegenüber: In Gesamteuropa kommt es zu einem Konsens über Minimalnormen friedlicher Konfliktbearbeitung, die nicht unterschritten werden dürfen, ohne gemeinsame Sanktionen zu provozieren. Integrative Tendenzen setzen sich auch auf gesamteuropäischer Ebene fort, wobei sich die Europäische Union als westeuropäische Stabilitätszone bewährt, von der integrative Ausstrahlungseffekte auf die östliche Hälfte Europas ausgehen. Nationale Souveränität wird dabei nicht nur in der westlichen Hälfte Europas, sondern auch im Osten in einem Geflecht von intergouvernementalen und supranationalen Institutionen und Verfahren eingeschränkt; Bereiche nicht nur gemeinsamer, sondern vergemeinschafteter Handlungsfähigkeit werden aufgebaut.

Aller Erfahrung nach ist ein solcher Prozeß der »Vergemeinschaftung« jedoch nur unter den folgenden Bedingungen erwartbar: Übereinstimmung in den politischen und gesellschaftlichen Hauptwerten; wechselseitige Voraussagbarkeit von Motiven und Handlungen in einer Situation von Staatenanarchie (Erwartungsverläßlichkeit); Erwartung eines Zugewinns an politischen Rechten und/oder materiellen Gütern; Fähigkeit, auf die Belange aller beteiligten Staaten und Gesellschaften einzugehen, vor allem auf die Nöte der schwächeren Mitglieder (Responsiveness); wachsende Loyalitäten gegenüber neuen Institutionen, die als Instrumente der fairen wechselseitigen Abstimmung von Interessen begriffen werden; effiziente Handlungskapazitäten, die erweiterten und neuen Anforderungen entsprechen; Lern- und Anpassungsfähigkeit im Hinblick auf neue Problemlagen sowie hinsichtlich neuer politischer und sozialer Bewegungen und des aus ihnen hervorwachsenden politischen Führungspersonals, das zunächst allermeist als Gegenelite handelt; eine erhebliche Bandbreite an Kommunikation und Transaktionen auch auf zwischengesellschaftlicher und nicht nur auf zwischenstaatlicher Ebene.

Vergemeinschaftungsprozesse werden heute im übrigen nur dann

Erfolg haben, wenn durch sie die in Jahrzehnten und Jahrhunderten erkämpften Errungenschaften des liberalen und sozialen Rechtsstaates nicht annulliert, sondern bewahrt – »aufgehoben« – werden. Als Perspektive insgesamt mag dabei eine Art von »Helvetisierung Europas« von größerer Zukunftsträchtigkeit sein als eine »Staatswerdung Europas«.

Voraussetzungen für eine friedvolle Entwicklung in Gesamteuropa

Was sind im einzelnen die Voraussetzungen für eine verläßlich evolutionäre Entwicklung in Europa, die hier als wünschenswert unterstellt wird?

Rechtsstaatlichkeit und Demokratie

Eine *erste* Voraussetzung besteht in der Herausbildung eines einheitlichen, im modernen Verfassungsstaat begründeten Rechtsraumes. Dieser Verfassungsstaat westlicher Prägung ist die in langen politischen Konflikten erkämpfte Antwort auf sozial mobil gewordene und deshalb breit politisierbare Gesellschaften. Anders als traditionale werden solche Gesellschaften durch eine unausweichliche Pluralität von Interessen und Identitäten gekennzeichnet. Koexistenz, das heißt dauerhaft friedliche Konfliktbearbeitung zu gewährleisten, ist idealiter die zivilisatorische Leistung des modernen Verfassungsstaates. Die Vermutung ist dabei nicht unbegründet, daß konfliktreiche Gesellschaften, die je einzeln verläßliche Formeln und Formen der Koexistenz gefunden haben, auch untereinander zur friedlichen Koexistenz befähigt sind.

Dabei muß sowohl mit Blick auf die Ermöglichung des inneren Friedens als auch im Hinblick auf zwischenstaatlichen und zwischengesellschaftlichen Frieden der voraussetzungs- und anspruchsvolle Charakter des modernen Verfassungsstaates betont werden. Dieser konstituiert sich nicht nur durch das Gewaltmonopol, wodurch »entwaffnete Bürger« auf eine diskursive Streitkultur ausgerichtet werden; auch begründet er sich nicht nur über die Prinzipien, Institutionen und Verfahrensweisen, die als Rechtsstaatlichkeit umschrieben werden (ihrerseits u. a. die Grundlage für die Kontrolle des Gewaltmonopols). Der »reife« Verfassungsstaat setzt in ökonomischer, sozialer und kultureller Hinsicht Handlungsräume voraus, die durch Erwartungsverläßlichkeit, Orientierungsstabilität und Berechenbarkeit – Grundlage politischer Gemeinschaftsbildung – gekennzeichnet werden. Denn in sozial mobilen und politisierbaren Gesellschaften kommt es nur unter solcher Voraussetzung zu einer leidlich funktionierenden Affektkontrolle als Grundlage von Toleranz, Empathie und Kompromißfähigkeit. Im übrigen wird in politisierbaren Gesellschaften der Rechtsstaat nur akzeptiert, wenn die politischen Beteiligungsrechte uneingeschränkt gelten und es aktive Bemühungen um Verteilungsgerechtigkeit gibt – ohne sichtbare Bemühungen um Fairneß keine Bürgergesinnung und also keine tragfähige politische Kultur.

Diese Sachverhalte bündeln sich gewissermaßen zu einem zivilisatorischen Hexagon, das sich in der westlichen Hälfte Europas in einer langen historischen Stufenfolge herausgebildet hat (Gewaltmonopol, Rechtsstaatlichkeit, Affektkontrolle aus Interdependenzen, demokratische Beteiligung, Verteilungsgerechtigkeit, Bürgergesinnung), während es in der östlichen Hälfte Europas heute unter unvergleichlichem Zeitdruck und angesichts dramatisch ungünstiger Bedingungen regelrecht inszeniert werden muß. So gibt es dort (mit Ausnahme der Tschechoslowakei der Zwischenkriegszeit) kaum historische Anknüpfungspunkte an Erfahrungen mit Rechtsstaatlichkeit; alle Ökonomien sind praktisch zerfallen; in Ermangelung institutioneller Auffangnetze hat der Prozeß der Demokratisierung zu einer Art von Chaotisierung des politischen Lebens geführt; für Bemühungen um Verteilungsgerechtigkeit fehlt die ökonomische Substanz; vielerorts ist selbst das Gewaltmonopol zusammengebrochen mit der Folge bürgerkriegsähnlicher Situationen oder tatsächlicher Bürgerkriege. Wie soll in solchem Umfeld demokratische politische Kultur gedeihen?

Dennoch: Alle Gesellschaften in der östlichen Hälfte Europas haben trotz der Dilemmata, die aus der gleichzeitigen Bewältigung vielfältiger Aufgaben resultieren, für deren Bewältigung in der westlichen Hälfte Europas Jahrzehnte, gar Jahrhunderte zur Verfügung standen, wesentliche Schritte in Richtung auf den Aufbau demokratisch und rechtsstaatlich verfaßter politischer Systeme getan. Zumindest im Wortlaut entsprechen die Verfassungen den im Kopenhagener KSZE-Dokument 1990 niedergelegten Prinzipien, also der Magna Charta des neuen Europa. Politischer Pluralismus ist dabei, sich in relativ stabilen Formationen zu organisieren. Gewaltenteilung etabliert sich (einschließlich die bisher nicht bekannte Verfassungs- bzw. Verwaltungsgerichtsbarkeit). Vielerorts ist eine neu entstandene unabhängige Presse zu einer eigenständigen politischen Kraft geworden. Solche und ähnliche Fortschritte in kürzester Zeit können jedoch nicht darüber hinwegtäuschen, daß der Point of no return, von dem an ein Zurückkippen des politischen Prozesses in diktatorischen Autoritarismus als unwahrscheinlich erscheint, noch nicht erreicht ist, auch nicht in Ostmitteleuropa, also jener Zwischenzone vom Baltikum bis Slowenien, in der von Anfang an der Transformationsprozeß als einigermaßen aussichtsreich galt.

Der »Import« von Demokratie und Rechtsstaatlichkeit westlichen Zuschnitts war ein Ziel der politischen Umbrüche in der östlichen Hälfte Europas (»Rückkehr nach Europa«), weshalb entsprechende Hilfestellung von seiten des Westens, wenn sie mit pfleglicher Rücksicht erfolgt, dort willkommen ist und deshalb auch getätigt werden sollte.

Erwartungsstabilität

Die *zweite* Voraussetzung für eine evolutionäre Entwicklung in Europa ist in einer dauerhaften Bewältigung der Sicherheitsdilemmata, die normalerweise zwischen souveränen Staaten bestehen, zu sehen. Im Falle von aufkommenden Konflikten, schon gar bei virulenten Konfliktbeziehungen übersetzen sich Sicherheitsdilemmata in aller Regel in militärische Vorkehrungen, die ihrerseits, in der Folge wechselseitiger Hochschaukelung, leicht in eigendynamisch werdenden Rüstungswettläufen münden.

Sicherheitsdilemmata lassen sich überwinden, wenn die Einzelstaaten miteinander institutionell derart verkoppelt werden, daß es zu einer wechselseitigen Voraussagbarkeit ihrer Motive und

Handlungen kommt. Sind die Netze der Kooperation zwischen souveränen Staaten so dicht, daß aus ihnen erhebliche Zwänge zur Koordination politischen Verhaltens erwachsen, verliert das Sicherheitsdilemma an politischer Bedeutung und Brisanz. An seine Stelle treten politische Berechenbarkeit und Transparenz, die Grundlagen wechselseitiger Erwartungsverläßlichkeit. Es findet dann eine allseitige Einbettung in ein zunächst breitmaschiges, im Laufe der Zeit immer engmaschiger werdendes Netz institutionalisierter Kooperation statt. Internationale Politik wird dann überschaubar, nicht weil einzelne einen besseren Durchblick gewinnen, sondern weil die institutionelle Verklammerung mit der Folge routinemäßiger Treffen, gemeinsamer Komitees und Kommissionen sowie anhaltender formeller und informeller Konsultationen auf oberen, mittleren und unteren Ebenen für relative Gewißheit sorgt. Nationalistische Ausbruchsversuche werden dann schwierig und vor allem kontraproduktiv; schließlich werden sie unterbleiben.

Das ist die bisherige Erfahrung in Westeuropa mit der Bewältigung der Sicherheitsdilemmata – eine Erfahrung, die, wenn man das Durchschnittsgeschehen in der internationalen Politik betrachtet, nicht hoch genug eingeschätzt werden kann.

Nicht nur Sicherheitsdilemmata, sondern auch institutionalisierte Netzwerke der Kooperation unterliegen gegebenenfalls einer Eigendynamik. So wie Konfrontation weitere Konfrontation auslöst, kann kooperatives Verhalten weitere Kooperation fördern. Anstelle des Teufelskreises im ersteren Fall tritt eine Art von »Engelskreis« im letzteren. Kooperation gewinnt dann eine sich selbst erweiternde Dynamik mit eingebauten positiven Rückkopplungen. Wie die westeuropäische Entwicklung in den Nachkriegsjahrzehnten zeigt, kommt es also darauf an, auf politischer Ebene den Durchbruch zur Kooperation zu schaffen, kooperative Arrangements zu inszenieren und ihre Dynamik anhaltend zu fördern. Dann kann Erwartungsverläßlichkeit zur routinemäßigen Selbstverständlichkeit werden.

Auch demokratische Rechtsstaaten bedürfen einer solchen, auf die Veränderung des zwischenstaatlichen Verkehrs abstellenden Perspektive, um potentielle Friedensfähigkeit zur Gewißheit werden zu lassen. Dabei geht es nicht um die Eliminierung von Konflikten, sondern um die Veränderung der Modalitäten, unter denen Konflikte ausgetragen werden. Das Ziel ist die Beseitigung von Gewalt in der Folge einer Institutionalisierung von verläßlicher gewaltfreier Konfliktregelung gerade angesichts bleibender Konflikte.

Noch ist das westliche Europa nicht in den Sog einer virulent werdenden Renationalisierung von Sicherheitspolitik geraten; noch gibt es ausreichende institutionelle Foren, um einem solchen Trend entgegenzuwirken: an erster Stelle viele intergouvernementale und parlamentarische Gremien der Europäischen Union und der NATO, aber auch des Europarates, sowie vielfältige bilateral eingespielte Konsultationen. Doch haben die jüngsten Auseinandersetzungen über eine angemessene Reaktion auf konkrete Konfliktherde (wie beispielsweise das kriegerische Geschehen innerhalb des ehemaligen Jugoslawien) gezeigt, daß der Boden der Gemeinsamkeit möglicherweise brüchiger ist als vermutet, weshalb die weiterreichenden Bemühungen um eine politische Union auch unter dem Gesichtspunkt einer Abwehr von Renationalisierungstendenzen bewertet werden müssen.

Jedoch liegt das eigentliche sicherheitspolitische Problem Europas derzeit noch nicht im Westen, sondern auf gesamteuropäischer Ebene. Die Struktur, die es zu vermeiden gilt, ist unschwer vorstellbar: ein leidlich institutionell gefestigtes Westeuropa, krisengeschüttelte Nachfolgestaaten der ehemaligen Sowjetunion, die wie Rußland und die Ukraine über ein erhebliches Militärpotential verfügen, und dazwischen liegend Ostmitteleuropa (vom Baltikum bis Slowenien), das sich bei abträglichen Entwicklungen jenseits seiner östlichen Grenzen in seiner Sicherheitslage bedroht fühlen müßte.

Um eine solche Dreiteilung in Europa zu vermeiden, ist zum einen eine Europäisierung bisher nur westeuropäischer bzw. transatlantischer Institutionen anzustreben. Im Falle der Europäischen Union heißt dies: zügige Implementierung der Assoziations- und Kooperationsabkommen; im Falle der NATO bedeutet dies, möglichst viele institutionell abgesicherte Brücken zwischen der westlichen Verteidigungsallianz einerseits und Rußland, Weißrußland und der Ukraine andererseits zu schaffen, um dem Abdriften dieser Staaten in eine nationalchauvinistisch motivierte Sicherheitspolitik entgegenzuwirken und die sicherheitspolitische Lage der ostmitteleuropäischen Länder zu entproblematisieren. Denn einseitige Sicherheitsgarantien der NATO gegenüber einzelnen ostmitteleuropäischen Staaten wird es nicht geben können, ohne entsprechende Bedrohtheitswahrnehmungen in den GUS-Nachfolgestaaten der ehemaligen Sowjetunion zu provozieren. Deshalb sind Bemühungen von seiten der NATO, ihre originäre Orientierung an kollektiver Verteidigung durch eine zeitgemäßere Orientierung an kooperativ-kollektiver Sicherheit zu erweitern, für eine Stabilisierung der Sicherheitslage in Europa unerläßlich.

Neben der Europäisierung westeuropäischer Institutionen kommt in zweiter Hinsicht der Vertiefung und dem weiteren Ausbau der KSZE-Institutionen eine zentrale Bedeutung zu. Von Anfang an war die KSZE eine Institution, vermittels derer Erwartungsverläßlichkeit institutionalisiert und damit Ungewißheit verringert werden sollte. Nach dem weltpolitischen Umbruch 1989/90 wuchs ihr die Aufgabe zu, auf gesamteuropäischer Ebene kooperative Beziehungen dauerhaft zu institutionalisieren. Innerhalb von nur drei Jahren ist ihr dies durch die Etablierung der folgenden Gremien bzw. Organe gelungen: regelmäßige Überprüfungskonferenzen; die als »Rat für Sicherheit und Zusammenarbeit in Europa« fungierenden Außenminister; der Ausschuß hoher Beamter; das Sekretariat; das Büro für Demokratische Institutionen und Menschenrechte; neuerdings der Hohe Kommissar der KSZE für nationale Minderheiten; das Konfliktverhütungszentrum; das Forum für Sicherheitskooperation sowie die Parlamentarische Versammlung. Auch wurden seit 1991 neue Krisenmechanismen eingeführt, so der Mechanismus für Konsultation und Zusammenarbeit in dringlichen Situationen (1991), weiterhin der Mechanismus für Konsultation und Zusammenarbeit bei ungewöhnlichen militärischen Aktivitäten (1990/1992) sowie der Mechanismus für die friedliche Regelung von Streitfällen (1991/1992), schließlich der KSZE-Mechanismus der »Menschlichen Dimension« (1989/1991).

Nicht gering zu schätzen sind die ursprünglich zwischen den

beiden Militärblöcken und später im Rahmen der KSZE weiter verhandelten Rüstungskontroll- und Abrüstungsabkommen, die nicht nur erste größere Abrüstungsmaßnahmen auf den Weg brachten, sondern regelmäßige Inspektions- und Verifikationsmaßnahmen institutionalisierten. Dadurch ist heute die militärische Lage in Europa weit transparenter als jemals zuvor: Raumgreifende militärische Offensiven ohne rechtzeitige Früherkenntnis sind praktisch undenkbar geworden; die Vorwarnzeichen betragen nicht Wochen oder Monate, sondern nach Meinung kompetenter Militärs ein bis zwei Jahre. Aufgrund von Abrüstung, Reorganisation und einer erheblichen finanziellen Klemme im Hinblick auf investive Ausgaben stünden die meisten militärischen Apparate Europas heute ohnehin für große Einsätze gar nicht zur Verfügung.

Dennoch haben insbesondere die zitierten Krisenmechanismen angesichts in Europa eskalierender Kriege und Bürgerkriege bisher eher versagt als ihre Bewährung dokumentiert. Sie deshalb gering zu schätzen wäre eine völlig widersinnige Folgerung. Denn zum einen mußten sie sich ohne konzeptuellen und organisatorischen Vorlauf bewähren, kaum daß sie etabliert waren; zum anderen resultierten die Unzulänglichkeiten nicht aus den Krisenmechanismen per se, sondern aus unvereinbaren Definitionen der jeweiligen Problemsituation (wie insbesondere am Falle Jugoslawien beispielhaft offenkundig wurde). Die Defizite in der Implementierung der Krisenmechanismen können also nur behoben werden, wenn sich zwischen den KSZE-Staaten die Verständigung über Verhaltensnormen und Mindeststandards einer zivilisierten Politik vertieft sowie konkrete Lagebeurteilungen sich annähern und wenn die Bereitschaft wächst, abweichendes Verhalten zu sanktionieren, wofür eine Debatte über eine Kasuistik legitimer Intervention erforderlich ist.

Ökonomischer Ausgleich

Die *dritte* Voraussetzung für eine evolutionäre Entwicklung in Europa ist in den Bemühungen um einen Abbau des krassen ökonomischen Gefälles zwischen West- und Osteuropa zu sehen. Denn historische und aktuelle Erfahrungen sowie systematische Überlegungen belegen, daß in sozial mobilen und also leicht politisierbaren Gesellschaften ein krasses soziales Gefälle nicht akzeptiert wird – eine Erfahrung, die auch in zunehmendem Maße zwischen Gesellschaften gilt. Heute sind überdies alle Gesellschaften, schon gar solche im Umbruch, internationalen Demonstrationseffekten ausgesetzt, die zu den wichtigen externen Faktoren der Politisierung zu rechnen sind. Internationale Mobilität trägt das ihre dazu bei, daß sich disparate sozioökonomische Räume politisch nur noch schwer abschotten lassen: Wenn Reichtum und Armut so nahe beieinanderliegen, wie das in Europa der Fall ist, kann davon ausgegangen werden, daß solche Abschottung weder in die eine noch in die andere Richtung verläßlich praktiziert werden kann. Man wird sich deshalb, ob gewollt oder nicht, mit der neuen Entwicklungsproblematik in Europa auseinandersetzen müssen.

Dieser Begriff bedarf der Erläuterung: Das West-Ost-Entwicklungsgefälle innerhalb Europas ist keine Erscheinung neueren Datums. In der Wirtschaftsgeschichte Europas datiert man den Beginn dieses Gefälles auf das späte Mittelalter bzw. die frühe Neuzeit. Seinerzeit begann in der nordwestlichen Hälfte Europas die Entfeudalisierung, während in der östlichen Hälfte Europas die »zweite Leibeigenschaft« als eine nachdrückliche Refeudalisierung einsetzte. Seitdem gab es in den beiden Hälften Europas ganz unterschiedliche Entwicklungswege: im Westen langfristig Modernisierungsprozesse, die auf Agrar- und industriellen Revolutionen aufbauten; in der östlichen Hälfte kam es zu einer Peripherisierung, die zu überwinden im späten 19. und in der ersten Hälfte des 20. Jahrhunderts im großen und ganzen mißlang. Auch der weithin abgeschottete sozialistische Entwicklungsweg ist, wie inzwischen offenkundig, gescheitert. Damit tritt nunmehr angesichts einer zunehmenden, wenngleich asymmetrischen Interdependenz die alte Kluft zwischen West- und Osteuropa wieder kraß hervor. Sie läßt sich allerdings nicht mehr verstehen als Gefälle zwischen hochindustrialisierten Ökonomien einerseits und Agrargesellschaften mit geringer Produktivität andererseits, sondern als Kluft zwischen Ökonomien mit hoher Produktivität in allen wichtigen Sektoren und solchen, in denen es erhebliche Defizite in der Landwirtschaft, im industriellen

Sektor und im Dienstleistungssektor gibt, aber auch in der Infrastruktur und bei der Entwicklung des Humankapitals.

Die neue Entwicklungsproblematik in Europa hat also einen zweifachen Hintergrund: zum einen die Überwindung des historisch-chronischen Entwicklungsgefälles innerhalb Europas – einer seit 1500 bestehenden sozioökonomischen und damit auch politischen und soziokulturellen Strukturgrenze, zum anderen die Transformation gescheiterter realsozialistischer Planwirtschaften in marktwirtschaftliche Ökonomien, die sich die Fähigkeit zu einem sich selbst tragenden Wirtschaftswachstum und zu proportionierter Entwicklung erst erarbeiten müssen.

Das zentrale Problem, dem sich die Ökonomien in der östlichen Hälfte Europas gegenübersehen, ist der modernen Entwicklungsdiskussion seit langem vertraut: Es gilt, im Inneren der Ökonomien eine nachholende Entwicklung zu inszenieren, während man sich im internationalen Umfeld, dem man sich öffnen muß, einem erheblichen Kompetenz- und Produktivitätsgefälle gegenübersieht. Öffnet man sich diesem Umfeld gegenüber umfassend und weitläufig, so wie die liberale Doktrin, insbesondere die Freihandelsdoktrin es nahelegt, dann droht ein umfassender Verdrängungswettbewerb die eigene, schwächere Ökonomie in den Ruin zu treiben. Wettbewerbsunfähige Betriebe werden wegkonkurriert; die eigenen Märkte werden erfolgreich mit dem Warenangebot aus dem Ausland durchsetzt; die lokale Produktion bricht zusammen, und Arbeitslosigkeit breitet sich aus. Diese klassischen Effekte des Verdrängungswettbewerbs konnten beispielhaft in der ehemaligen DDR beobachtet werden, als diese nach dem 1. Juli 1990 als neue Bundesländer schutzlos in eine der produktivsten Ökonomien der Welt, die westliche Bundesrepublik Deutschland, eingegliedert wurde.

Schützen sich demgegenüber die Reformökonomien allzu sehr und auf breiter Front, überleben veraltete und nicht leistungsfähige Strukturen. Hinter den errichteten Schutzwällen kommt dann der erforderliche Modernisierungsschub nicht zustande. Wie immer in solchen Lagen besteht das entwicklungspolitische Kunststück darin, sich nach außen zu öffnen, aber die eindringenden Außeneinflüsse so zu kanalisieren, daß der innere Entwicklungsprozeß dadurch gefördert und nicht ruiniert wird.

In den einzelstaatlichen Entwicklungsprogrammen müßte der Landwirtschaft und einer landwirtschaftsnahen Industrie eine hohe Priorität zugewiesen werden, um die Versorgungslage der Bevölkerung mit alltäglichen Gütern zu sichern – ein elementarer entwicklungspolitischer Imperativ, gegen den laufend verstoßen wird. Mittelständischem Gewerbe wäre der Vorzug vor industriellen Großbetrieben zu geben, wenngleich letztere durchaus ihre wichtige Stellung in der Erzeugung von Vorprodukten und Zwischengütern haben. Der Aufbau von moderner Infrastruktur ist ebenso wichtig wie die Kompetenzsteigerung von öffentlicher Verwaltung, privatem Management und der Facharbeiterschaft. Wo immer natürliche Ressourcen knapp sind, kommt der Entwicklung des Humankapitals eine besonders wichtige Rolle zu, weil nur Ausbildung und daraus resultierende Kompetenzen fehlende Ressourcen ersetzen können.

Gegenüber den ostmitteleuropäischen Staaten haben die Nachfolgestaaten der Sowjetunion die Chance, Energie und mineralische Ressourcen gegen harte Devisen im Westen einzutauschen, um über diese Außenkomponente eine Grundlage für den Aufbau ihrer neuen Ökonomien zu legen. Allerdings wird auch in diesen Fällen westliche Hilfe erforderlich sein, um die für eine effiziente Förderung von Energie und Rohstoffen erforderliche und überfällige Modernisierung erst einmal in Gang zu bringen.

Viel schwieriger ist demgegenüber die Lage in den ostmitteleuropäischen Ländern, die in aller Regel eher energie- und rohstoffarm sind. Sie können nur den kurzfristig weit schwierigeren, langfristig jedoch besonders aussichtsreichen »ostasiatischen Entwicklungsweg« einschlagen. Dessen Exportwarenkorb setzte sich zunächst aus arbeitsintensiven Fertiggütern einfachen Zuschnitts (die auch für den Gebrauch im heimischen Markt produziert wurden) zusammen, um allmählich in nur zwei bis drei Jahrzehnten eine qualitative Aufwertung zu erfahren. In dieser Zeit erhöhte sich der Anteil von Produkten mit immer höherer Wertschöpfung. Einen solchen Stufenprozeß hat nicht nur Japan durchlaufen, sondern auch die ostasiatischen Schwellenländer; und China beginnt ihn heute. Sollte der Wirtschaftsraum der ehemaligen Sowjetunion wenigstens in Kernregionen einen Aufschwung erleben, so könnten die ostmitteleuropäischen Länder diesen ihnen leichter zugänglichen und überdies bekannten Markt erneut bedienen, zumal sie mit großer Wahrscheinlichkeit auch in Zukunft einen Teil ihres Energie- und Rohstoffbedarfs mit Importen aus den Nachfolgestaaten der ehemaligen Sowjetunion abdecken müssen. Sie würden dabei im Wirtschaftsraum der ehemaligen Sowjetunion auf die Konkurrenz westlicher Länder stoßen, was ihrer Umstrukturierung auf effiziente Ökonomien nur förderlich wäre.

In den hochindustrialisierten Ländern des Westens muß erkannt werden, daß massive westliche Sanierungshilfen für Osteuropa und private Direktinvestitionen im wohlverstandenen Eigeninteresse wirklich Zukunftsinvestitionen sind. Die westeuropäischen Ökonomien, schon gar die deutsche, benötigen keinen armen und verwahrlosten Hinterhof, um zu überleben. Im wesentlichen sind die ausgereiften Ökonomien des Westens, insbesondere die deutsche, auf differenzierte, qualitativ anspruchsvolle und schwierige Binnenmärkte anderer Industriegesellschaften ausgerichtet. Die interessantesten Handelspartner und Investitionsräume für hochentwickelte Industriegesellschaften sind Ökonomien eines vergleichbaren hohen Entwicklungsniveaus (Hochlohnländer!), die sich durch politische Stabilität, Rechtssicherheit, eine qualifizierte Infrastruktur und Menschen mit hohem Kompetenzniveau auszeichnen. Je schneller also und erfolgreicher die östliche Hälfte Europas in der Folge der Erschließung und Qualifizierung der eigenen Binnenmarktpotentiale zu einem erfolgreichen Wettbewerber gegenüber Westeuropa wird, um so interessanter wird Osteuropa für den Westen. Das schafft allerdings auch Anpassungsprobleme im Westen.

Was wäre zu tun, um dem östlichen Europa bei seinen Bemühungen um einen Wirtschaftsdurchbruch zu helfen? Viele Hilfsaktivitäten sind vorstellbar, aber an einer wird man nicht vorbeikommen können: an einem erheblichen Kapitaltransfer im Laufe der kommenden zehn Jahre. Dieser Teil Europas benötigt solchen Kapitaltransfer gerade auch von öffentlichen Mitteln, weil ohne einen Neuaufbau und die Modernisierung seiner Infrastruktur nennenswerte private Direktinvestitionen nicht oder nur schwerlich fließen werden. Es wäre deshalb sinnvoll, der Klub der reichen OECD-Länder würde sich verpflichten, zehn Jahre lang pro Jahr einen gewissen Prozentsatz seines Bruttosozialproduktes, beispielsweise ein halbes Prozent, in die östliche Hälfte Europas zu transferieren. Das wären derzeit pro Jahr etwa 100 Milliarden DM, die vom EG- und EFTA-Europa sowie von den USA, Kanada, Japan, Australien und Neuseeland aufgebracht werden müßten.

Eine solche Zehnjahresperspektive ist aus Gründen des effektiven Kapitalbedarfs von Bedeutung, aber auch aus psychologischen Gründen: Wenn die OECD-Länder sich zu einem solchen Hilfspaket feierlich verpflichten würden, wäre dies ein bedeutsames politisches Signal an Osteuropa, das nicht ohne positive psychologische Wirkungen bleiben würde. Der Westen würde signalisieren, daß er die Herausforderung erkannt hat und daß er nicht nur gute Ratschläge erteilt, sondern diese auch substantiell zu unterfüttern bereit ist. Andere Aktivitäten müßten hinzukommen: Managementhilfe, gezielter Technologietransfer, Beratungsdienste für eine neu strukturierte Landwirtschaft, Hilfe für den Mittelstand und einen neu aufzubauenden Dienstleistungssektor sowie möglichst viele Privatinvestitionen und anderes.

Natürlich sollte ein solcher Mitteltransfer an politische Konditionen geknüpft werden, beispielsweise an Abrüstung, die Achtung von Menschenrechten und den Schutz von Minderheiten. Solche politischen Bedingungen sollten offen auf den Tisch gelegt werden, und es sollte über die Konditionalität gemeinsam diskutiert werden. Entscheidend ist, daß sich auch in den Wirtschaftsbeziehungen Erwartungsverläßlichkeit einstellt: Der Westen muß die Gewißheit haben, daß finanzielle Mittel der genannten Größenordnung nicht zu Investitionsruinen führen oder einfach versickern bzw. in mafiose Hände geraten. Die politischen Führungen in der östlichen Hälfte Europas, die die historisch beispiellose Doppelaufgabe haben, neue Demokratien zu stabilisieren und deren ökonomischen Unterbau erst einmal herzustellen, müssen den Westen als fairen und kalkulierbaren Partner erfahren. Dieser Westen zeigt sich jedoch heute als eher kleinkariert und anpassungsunfähig.

Wenn sich ein solches Arrangement zwischen den reichen Industrieländern und der östlichen Hälfte Europas einspielt, wird sich zumindest im Hinblick auf Kernregionen das Entwicklungsgefälle abmildern und in Grenzfällen sogar beseitigen lassen. Ein solcher Vorgang käme einem Markterschließungsprogramm unvergleichlicher Größenordnung gleich: Die OECD mit ihren 850 Millionen Menschen würde sich um einen Wirtschaftsraum von zwischen 150 bis 300 Millionen Menschen erweitern. Ein solches Erschließungsprogramm gelang in den vergangenen vier Jahrzehnten wider allen Erwartens in Ostasien. Warum sollte so etwas nicht in der östlichen Hälfte Europas Erfolg haben? Was not tut, sind eine angemessene Zeitperspektive von wenigstens zwei bis drei Jahrzehnten sowie eine weitsichtige Politik im wohlverstandenen Eigeninteresse und entsprechende politische Prioritäten, die allerdings nicht denkbar sind ohne ökologische Umbauprogramme. Wer im übrigen für die Entwicklung Osteuropas ist, kann dafür guten Gewissens nur plädieren, wenn der ökologische Umbau gerade auch der westlichen Ökonomie massiv vorangetrieben wird. Ohne solchen Umbau wird jedes Markterschließungsprojekt im Osten (und noch mehr im Süden) ein Vorhaben mit katastrophenträchtigen Konsequenzen.

Konfliktkultur

Eine *vierte* Voraussetzung für eine evolutionäre Entwicklung in Europa ist in der Entfaltung einer »europäischen Konfliktkultur« bzw. »Konfliktbearbeitungskultur« zu sehen. Nach dem Ende des Ost-West-Konflikts wird Europa auf absehbare Zeit durch eine konfliktträchtige Vielfältigkeit gekennzeichnet sein. Europa wird in politisch konsolidierte Gesellschaften, in Gesellschaften, die sich in einem tiefgreifenden Umbruch befinden, und in Gesellschaften, deren Entwicklung unprognostizierbar ist, zergliedert sein. In ihm werden sich Ökonomien mit Spitzenpositionen in der Weltwirtschaft Seite an Seite mit rückständig-unterentwickelten Gebieten finden. In einem Teil Europas werden die Ideen der Aufklärung richtungweisend sein, also in der Tendenz universalistische Werte, eine pluralistisch-liberale Orientierung und Kosmopolitismus, während in anderen Teilen eher antiwestliche, nationalistische, xenophobische, rückwärtsgewandte und parochial-naturalistische Werte handlungsbestimmend zu werden drohen. Solche Geistesströmungen sind auch in marginalen politischen Strömungen des westlichen Europa zu beobachten, aber sie sind hier, anders als in der östlichen Hälfte Europas, immer noch eine Randerscheinung. Koexistenz wird unter solch unterschiedlichen mentalen Prämissen sicher nicht einfach sein, und deshalb ist Europa zu denken und wieder zusammenzuführen auch eine kulturelle Aufgabe.

Mit dem Ende des Ost-West-Konflikts in Europa und der beginnenden Demokratisierung in der östlichen Hälfte Europas sind auch viele Jahrzehnte lang unterdrückte Minderheiten- und ethno-nationalistische Konflikte wieder an die Oberfläche gekommen. Was aus begrenzten Erfahrungen im westeuropäischen Zusammenhang vertraut ist und was in der Dritten Welt zum politischen Alltag gehört, wird nunmehr zu einem unausweichlichen Problem für das gesamte Europa: Minderheitenkonflikte, Separatismus, Autonomiebestrebungen, Anti-Regime-Kriege und vergleichbare Erscheinungen.

Mit diesen Konflikten droht an vielen Stellen Europas das Wiederaufleben von emotional aufgeladenen Feindbildern, von Fremdenhaß und nationalistischen Exzessen. Fälschlicherweise wurden solche Erscheinungen für Überbleibsel der Vergangenheit gehalten; nunmehr zeigen sie sich in verhängnisvoller Frische: in revitalisierten Feindbildern, in Ethnozentrismus, in militantem Rassenhaß, kurz: in den Vergiftungen des Bewußtseins und der Affekte, wobei Intellektuelle dabei eine ganz verhängnisvolle Rolle spielen. Denn Nationalismus und Rassismus sind keine Selbstläufer. Die ihnen zugrundeliegenden Hetzargumente werden – so paradox das ist – in aller Regel von »Intellektuellen« aufbereitet. So auch heute wiederum in vielen Teilen Europas: Die Verführbarkeit der Massen bis hin zu Pogromen ist eine Sache, aber jene ethno-nationalistische Aufwiegelung hat auch ihre intellektuellen Stichwortgeber. Deren fragwürdiges Geschäft aufzudecken wäre ein wesentlicher Beitrag zur emotionalen Abrüstung, aber auch zur Herausarbeitung der ernst zu nehmenden Bedürfnisse, um die es in solchen Konflikten auch geht.

Noch droht Europa nicht der Rückfall in sich wechselseitig abschreckende Großblöcke. Die Zeit der potentiell großen Konflikte mit geringer Eskalationswahrscheinlichkeit ist vorbei (obgleich eine solche Regression nicht prinzipiell auszuschließen ist); heute drohen viele kleine Konflikte, deren Ausbruchswahrscheinlichkeit sehr hoch ist; und einige von ihnen haben sich inzwischen schon zu dauerhaften, nicht mehr lösbar erscheinenden Konflikten hocheskaliert. Auf diese Lage war Europa nicht vorbereitet; die erforderlichen Fertigkeiten zur Konfliktbearbeitung waren nicht ausgebildet. Wenn nicht in wenigen Jahren an zehn bis zwanzig Stellen Europas solche »unlösbar« erscheinenden Konflikte (beispielsweise von der Art Nordirlands) lodern sollen, muß sich das neue Europa der Aufgabe effektiver Konfliktprophylaxe stellen.

Dabei wird es vor allem darum gehen müssen, auf hoher politischer Ebene institutionelle und prozedurale Vorkehrungen für eine Streitbeilegung bereitzustellen, die nicht von den Konfliktparteien als illegitime Einmischung in innere Angelegenheiten verworfen, sondern als Chance begriffen werden, aus der Sackgasse der Konflikteskalation sowie potentieller und aktueller Gewalt herauszukommen. Aber eine solche Einsicht und Erkenntnis setzen erhebliche Sozialisationsprozesse voraus, wofür gesamteuropäische Institutionen von Bedeutung sind.

Viele der angesprochenen Konflikte entstehen zuallermeist, wenn Minderheiten drangsaliert werden, wenn zu ihrer politischen Rechtlosigkeit die ökonomische Verelendung hinzukommt und wenn sie sich der Gefahr ausgesetzt fühlen, ihre eigene kulturelle Identität zu verlieren. Dann kumulieren sich Existenzängste, und die Politik tendiert zu Extremismus. Solche Konflikte lassen sich nur durch eine großzügige Minderheitenpolitik entschärfen, das heißt durch einen verfassungsmäßig garantierten Minderheitenschutz, durch den ein bestimmtes Ausmaß von Selbstverwaltung, die Nutzung der eigenen Sprache in Schulen und öffentlicher Verwaltung sowie die Verfügung über eigene finanzielle Ressourcen sichergestellt werden.

Solche Konflikte, die leicht in Brutalität umschlagen, bedürfen zu ihrer Lösung der wohlwollenden Intervention von dritter Seite. Heute bietet sich an, auf der Ebene einer sich institutionalisierenden KSZE Plattformen zu schaffen, von denen aus die frühzeitige Auseinandersetzung mit solchen Konflikten zu einer legitimen Aufgabe wird: Frühwarnung, vorbeugende Diplomatie, vertrauensbildende Maßnahmen und friedliche Streitbeilegung. Auch könnte eine KSZE-Minderheiten-Charta, auf die die Staaten verpflichtet würden, hilfreich sein. Vor allem sollte es darin Kontrollinstanzen geben, denen gegenüber die Staaten Europas eine jährliche Berichtspflicht hinsichtlich ihrer Minderheitenpolitik hätten. Die Minderheiten selbst müßten die Möglichkeit haben, bei diesen überstaatlichen Instanzen ihre Beschwerden vorzubringen. Das Argument, es handele sich dabei um innere Angelegenheiten der Staaten, sollte in einem zusammenwachsenden Europa prinzipiell keine Gültigkeit mehr haben: Äußere und innere Angelegenheiten lassen sich in einem solchen Europa nicht mehr künstlich trennen, allein schon, weil sich in aller Regel die Konsequenzen der verhängnisvollen Innenpolitik eines einzelnen Staates an vielen anderen Orten niederschlagen, so in Gestalt von Armuts-, Wirtschafts- und Kriegsflüchtlingen oder von Asylsuchenden.

Konstruktive Konfliktbearbeitung ist also auf innerstaatlicher, gesellschaftlicher, zwischenstaatlicher und zwischengesellschaftlicher Ebene die große Herausforderung Europas, wenn dieses Europa nicht durch die Dynamik vieler potentieller und schon akuter gewaltträchtiger Konfliktherde überwältigt werden und wenn also nicht das regressive Szenario Wirklichkeit werden soll.

Schlußfolgerung

Vier Voraussetzungen für eine evolutionäre Entwicklung Europas wurden genannt: der Schutz der Freiheit durch Rechtsstaatlichkeit und Demokratie, der Schutz vor Gewalt in der Folge institutioneller Verflechtungen, der Schutz vor Not als Folge angestrengter Bemühungen um ökonomischen Ausgleich und Verteilungsgerechtigkeit, schließlich der Schutz vor Chauvinismus als Ergebnis vielfältiger Konfliktbearbeitungsforen. Europa hat die Chance, eine dauerhafte

Friedensordnung aufzubauen, wenn sich diese Voraussetzungen einzeln verwirklichen lassen und wenn diese wechselseitig, positiv-verstärkend, aufeinander zurückwirken.

Ein solcher Prozeß ist im einzelnen und in der Wechselwirkung kein Selbstläufer, sondern bedarf der gezielten Anstrengung: Die Demokratisierungsprozesse werden sich nicht automatisch stabilisieren; der militärische Faktor wird in Europa nicht von selbst zu einer Randgröße; den ökonomischen Zerklüftungen muß gezielt entgegengewirkt werden; die Brutalisierung und Primitivisierung innergesellschaftlicher, insbesondere ethno-politischer Konflikte drohen schneller in den Vordergrund zu rücken als die Bemühungen, solche Konflikte einer Regelung zuzuführen. Das Europa der neunziger Jahre bedarf also einer motivierenden regulativen friedenspolitischen Leitperspektive (»Wir müssen so handeln, daß das Ding sei, was vielleicht nicht ist« – so Kant 1797 in seiner *Rechtslehre*).

Europa als »pluralistische Sicherheitsgemeinschaft« (K. W. Deutsch) und stabile Friedensordnung: aufbauend auf Rechtsstaatlichkeit, auf gesamteuropäische Institutionen für die Koordination und Konzertierung der Politik der Einzelstaaten, getragen von einer breitgefächerten Kooperation auf gouvernementaler Ebene, aber auch zwischen vielen sozialen Akteuren; untermauert mit verläßlichen Institutionen der kooperativen/kollektiven Sicherheit zur friedlichen Streitbeilegung; ausgerichtet in innerstaatlichen und zwischenstaatlichen Bemühungen auf Verteilungsgerechtigkeit.

Eine solche friedenspolitische Leitperspektive ist aber nur dann von praktischer Bedeutung, wenn von ihrer Verwirklichung ein politischer Zugewinn erwartet wird. Werden solche Erwartungen in bezug auf die wesentlichen Dimensionen von Politik (Demokratie, Sicherheit, Wohlfahrt) enttäuscht, so werden sich neue europaweite Loyalitäten, beispielsweise gegenüber entsprechenden Institutionen, nicht herausbilden. Europäische Friedenspolitik muß also für die breite Bevölkerung einen erkennbaren Ertrag abwerfen, und die Eliten müssen sich mit solcher Politik identifizieren. Dieser Ertrag müßte nachvollziehbar sein in der Sicherung von Grundfreiheiten und Menschenrechten, in verläßlicher Konfliktregulierung (was die prinzipielle Eliminierung von Krieg als Mittel von Politik impliziert), in der Steigerung sozialer Wohlfahrt und von Verteilungsgerechtigkeit sowie in der Ermöglichung vielfältiger kultureller Identitäten und ihrer friedlichen Koexistenz. Dann käme die politische Evolution Europas einem Zivilisierungsschub gleich.

Ein solches Europa bliebe nicht ohne positive Ausstrahlung auf die übrige Welt und könnte dadurch, wenngleich vielleicht nur mit marginalem Gewicht, regressiven Tendenzen in seinem Umfeld entgegenwirken und damit abträgliche weltpolitische Konstellationen verhindern helfen.

Europa folgte in seiner bisherigen Geschichte überwiegend weithin der ganz und gar unplausiblen Maxime des »Si vis pacem, para bellum«. Sich auf den Krieg vorzubereiten, weil man Frieden will, ist aber so absurd, wie sich auf Diktatur vorzubereiten, weil man Demokratie will, oder sich auf Scheidung vorzubereiten, weil man heiraten will, oder den Umweltverfall vorzubereiten, weil man für ökologisches Gleichgewicht ist . . .

In den letzten vierzig Jahren folgte Westeuropa in seinem eigenen Bereich der einzig plausiblen Maxime: »Si vis pacem, para pacem« – und Westeuropa hatte damit Erfolg. Wäre es nicht sinnvoll, diese alternative Maxime, die hier in vier operativen Dimensionen erläutert wurde, auch im Hinblick auf das gesamte Europa unserem Denken und Handeln zugrunde zu legen?

Das Buch konnte dank der großzügigen finanziellen Unterstützung
der Ciba-Geigy AG und der COMMERZBANK INTERNATIONAL S.A.
verwirklicht und veröffentlicht werden.

Die Deutsche Bibliothek – CIP-Einheitsaufnahme

Der **entwurzelte Kontinent** : Europa und die neue Weltordnung /
Romain Kirt: Adrien Meisch (Hrsg.). –
Düsseldorf; Wien; New York; Moskau: ECON Verl., 1994
ISBN 3-430-15446-4
NE: Kirt, Romain [Hrsg.]

Lektorat: H. Dieter Wirtz, Mönchengladbach
Gesetzt aus der Sabon, Berthold
Satz: Dörlemann-Satz, Lemförde
Papier: Papierfabrik Schleipen GmbH, Bad Dürkheim
Druck und Bindearbeiten: Ebner Ulm
Printed in Germany
ISBN 3-430-15446-4